通常の学級でやさしい学び支援

改訂 読み書きが苦手な子どもへの〈漢字〉支援ワーク

令和6年度版 教科書対応

東京書籍 2年

◇ **読めた！書けた！**漢字って簡単でおもしろい！
◇ 漢字の特徴をとらえた**新しいアプローチ！**
◇ **教科書**の新出漢字が楽しく学習できる**ワークプリント集**

竹田契一 監修　村井敏宏・中尾和人 著

明治図書

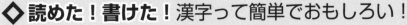

はじめに

平成十九年から全国の小中学校で一斉に開始された特別支援教育。それは、子どもたち一人ひとりがどこでつまずいているのかをしっかり把握し、その子の学び方に応じて支援をしていくという新しい教育プログラムのスタートでした。中でも読み書きが苦手な子どもたちへどのように支援していくかが大きな課題でもありました。

しかし発達障害が背景にある読み書きが苦手な子どもの場合、単なるケアレスミス、うっかりミスで出来ないのではなく、聴く力では音韻認識の弱さ、見る力では視空間処理の弱さなど大脳機能が関係する中枢神経系の発育のアンバランスが原因であることが多いのが特徴です。この場合、「ゆっくり、繰り返し教える」という学校、家庭で使われている一般的な方法では、その効果に限界がみられます。

この〈漢字〉支援ワークは新しい教科書に合わせた内容になっており、しかも教室で教わる順番に漢字学習ができるようにセットされています。またこのワークは著者の村井敏宏、中尾和人両先生方のことばの教室での長年の経験を通して子どもたちの認知特性に合わせた貴重な指導プログラムの集大成となっています。左記のような「つまずき特性」を持った子どもに対してスモールステップで丁寧に教える〈漢字〉支援のワークシートとなっています。ぜひご活用ください。

1. 読みが苦手で、読みから漢字を思い出しにくい。
2. 形を捉える力が弱く、漢字の形をバランス良く書けない。
3. 「視機能、見る力」が弱く、漢字の細かな形が捉えられない。
4. 多動性・衝動性があるため、漢字をゆっくり丁寧に書くことが苦手。
5. 不注意のために、漢字を正確に覚えられず、形が少し違う漢字を書いてしまう。

漢字が苦手な子どもは、繰り返し書いて練習するだけでは覚えていけません。一人ひとりの特性に応じた練習方法があります。〈漢字〉支援ワークを使ってつまずきに応じた練習をすることにより、自分の弱点の「気づき」につながり、「やる気」を促します。

読み書きが苦手な子どもが最後に「やった、できた」という達成感を得ることが出来ることを願っています。

監修者　竹田契一

もくじ

＊本書の構成は、東京書籍株式会社の教科書を参考にしています。
＊教材プリントは、自由にコピーして教室でお使いください。
＊学習者に応じて**Ａ４サイズに拡大**して使用することをおすすめします。

ワークシートの使い方

この本には、『通常の学級でやさしい学び支援３、４巻　読み書きが苦手な子どもへの〈漢字〉支援ワーク』に掲載されている４種類のワークについて、２年生の教科書で教わる１６０字の漢字すべてを収録しています。

１　かくれた　パーツを　さがせ

字の一部が隠された漢字を見て、正しい部首やパーツを書き入れるワークです。『作る』は人が作るから『にんべん』というように、部首の意味にも注目して書いていけるように支援してください。思い出しにくい場合には、８ページの「漢字パーツ」表を拡大して見せて、いくつかの中から選ばせることも有効な支援です。

下の文章には、問題の漢字だけでなく、既習の漢字も書き入れるワークになっています。

２　かん字　たしざん

２～３個の部首やパーツを組み合わせてできる漢字を考えさせるワークです。

部首やパーツの数が多くなると、その配置もいろいろな組み合わせが出てきます。部首やパーツは筆順通りに並んでいるので、書くときのヒントにしてください。わかりにくい場合には、□を点線で区切って配置のヒントを出してあげてください(左図)。

配置のヒント例

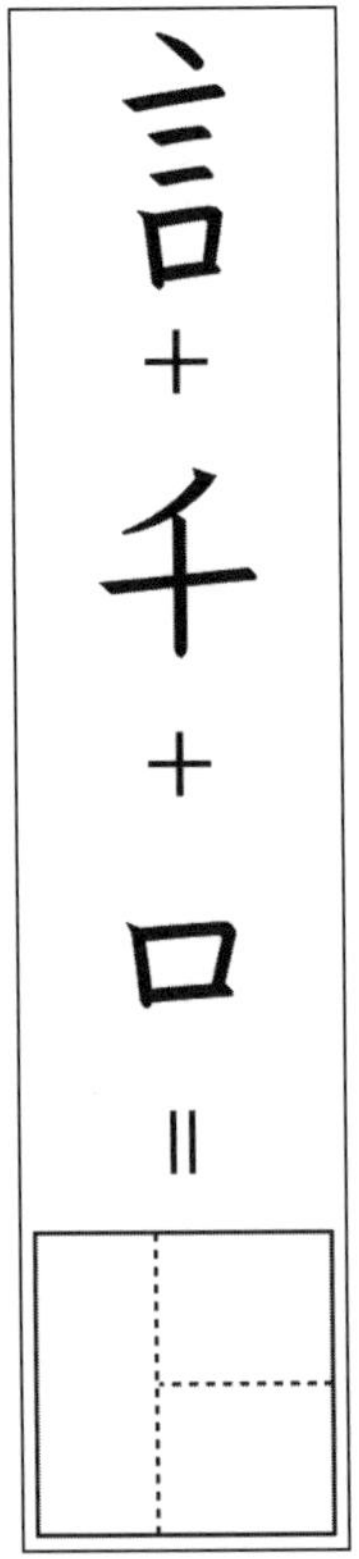

「へん」と「つくり」が左右反対になりやすい子どもには、「へんは必ず左に、先に書く。」と、ことばで示してあげるとわかりやすくなります。

3 たりないのは　どこ（かたちを　よく見て）

部分的に消えている漢字の足りない部分を見つけて、正しく書いていくワークです。

熟語の漢字は両方に足りない部分があります。線の数や細かい部分にも注意させてください。読みの苦手な子どもには、自分で書いた熟語やことばだけを見せて、読みの練習もさせるとよいでしょう。

子どもによっては知らない熟語も含まれています。子どもに意味を説明させたり、どんな風に使われるかの例を示してあげることも語いを増やしていくことにつながります。

熟語として漢字を覚えていくことは、読解の力をつけるとともに、生活に活きることばの学習につながります。

4 かん字を　入れよう

文を読み、文脈から漢字を推測して書いていくワークです。

漢字の読み方は文章の流れで決まってきます。そのため、文章を読む力が漢字の読みの力につながってきます。

ワークの左端には、□に入る漢字をヒントとして載せています。はじめはヒントの部分を折って、見ないで書かせましょう。また、漢字が苦手な子にはヒントを見せて選んで書く練習をするなど、子どものつまずきに合わせて使い分けてください。

かん字パーツ　2年生

亻	にんべん
女	おんなへん
彳	ぎょうにんべん
氵	さんずい
土	つちへん
弓	ゆみへん
王	おうへん
礻	しめすへん
日	ひへん
禾	のぎへん
矢	やへん
糸	いとへん
舟	ふねへん
言	ごんべん
己	おのれ
欠	あくび
斤	おのづくり
攵	のぶん・ぼくにょう
隹	ふるとり
頁	おおがい
亠	なべぶた
人	ひとやね
冖	わかんむり
宀	うかんむり
艹	くさかんむり
士	さむらい
夂	ふゆがしら
罒	あみがしら
⺮	たけかんむり
雨	あめかんむり
冂	どうがまえ
囗	くにがまえ
門	もんがまえ
儿	ひとあし
廾	にじゅうあし
灬	れんが
厂	がんだれ
广	まだれ
辶	しんにょう

1学期

1

かくれた パーツを さがせ 1

かぜの ゆうびんやさん①

月　日

名まえ

かくれた パーツを さがして、かんせいさせよう。

① □《かぜ》

はげしい □《あめ》と □《かぜ》。

② □《げん》

□《げんき》な □《こ》ども。

③ □《よ(む)》

□《ほん》を □《よ》む。

④ □《い(う)》

□《な》まえを □《い》う。

⑤ □《ひか(る)》

□《つき》が □《そら》で □《ひか》る。

東書2年①

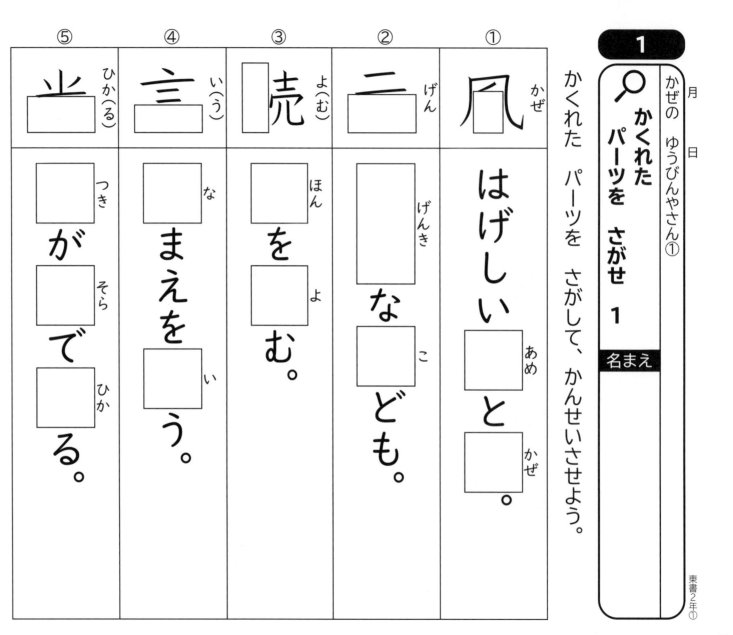

月　日

風の　ゆうびんやさん②／としょかんへ　いこう

かくれた　パーツを　さがせ　2

2

名まえ

かくれた　パーツを　さがして、かんせいさせよう。

①	②	③	④	⑤	⑥
□舌《はな(す)》	丸《まる》	□戸《こえ》	□亍《い(く)》	八□《わ(かる)》	□己《き》
□《はな》す□《ひと》を□《み》る。	□《はなまる》をもらった。	□《おお》きな□《こえ》を□《だ》す。	□《がっこう》に□《い》く。	□《なまえ》が□《わ》かる。	□《にっき》の□《ぶん》。

東書2年①

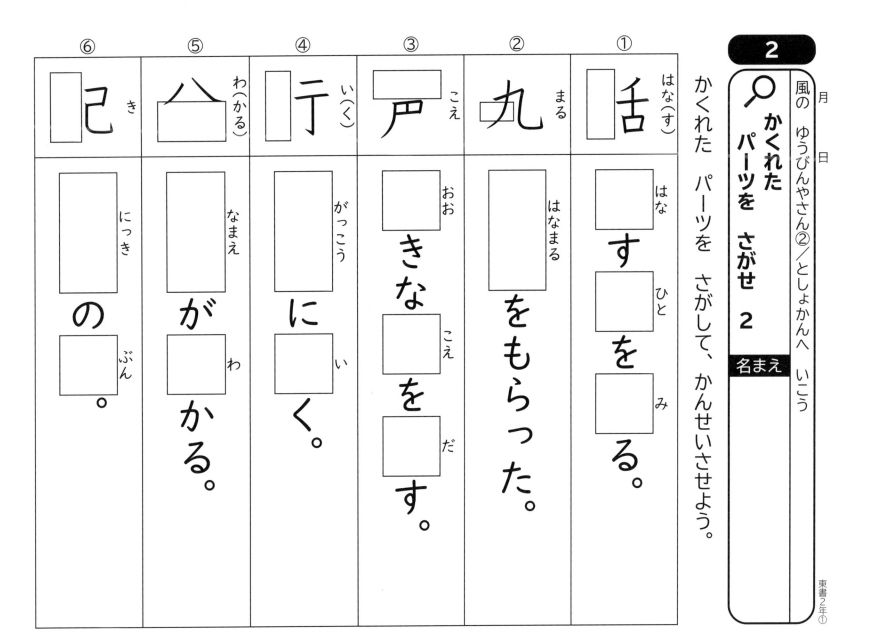

3

かくれた　パーツを　さがせ　3

名まえ

かくれた　パーツを　さがして、かんせいさせよう。

①
書《か(く)》

□《な》まえを□《か》く。

②
方《かた》

□《いぬ》のかい□《かた》。

③
□作《つく(る)》

□《くるま》を□《つく》る。

④
占□《てん》

□《ひゃくてん》でうれしい。

⑤
□泉《せん》

□《せん》を□《ひゃっぽん》ひく。

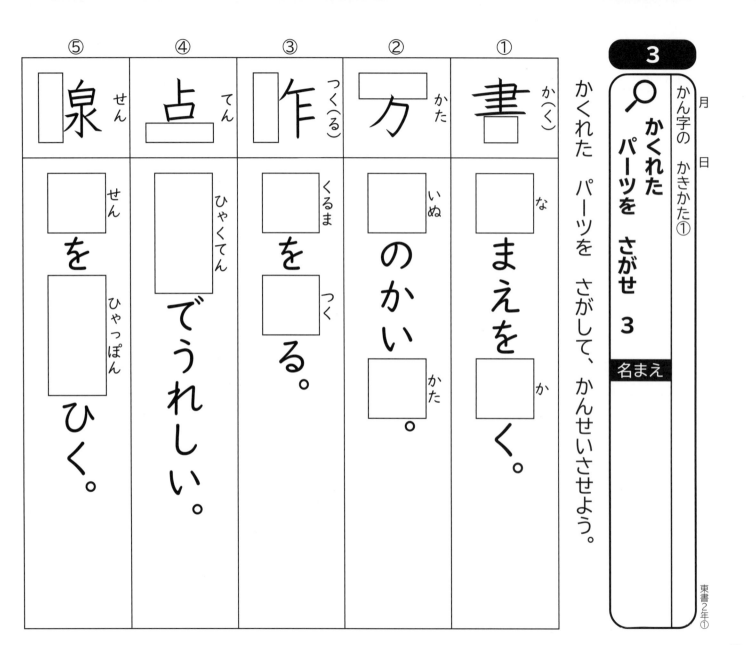

月　日

かんじの 書き方②／はたらく 人に 話を きこう

4

かくれた パーツを さがせ 4

名まえ

かくれた パーツを さがして、かんせいさせよう。

① かく

かん□《じ》の□《かくすう》。

② かず

□《はな》びらの□《かず》。

③ き（く）

□《あめ》の□《おと》を□《き》く。

④ なに

□《なに》が□《で》るかな。

⑤ かんが（える）

よく□《み》て□《かんが》える。

東書2年①

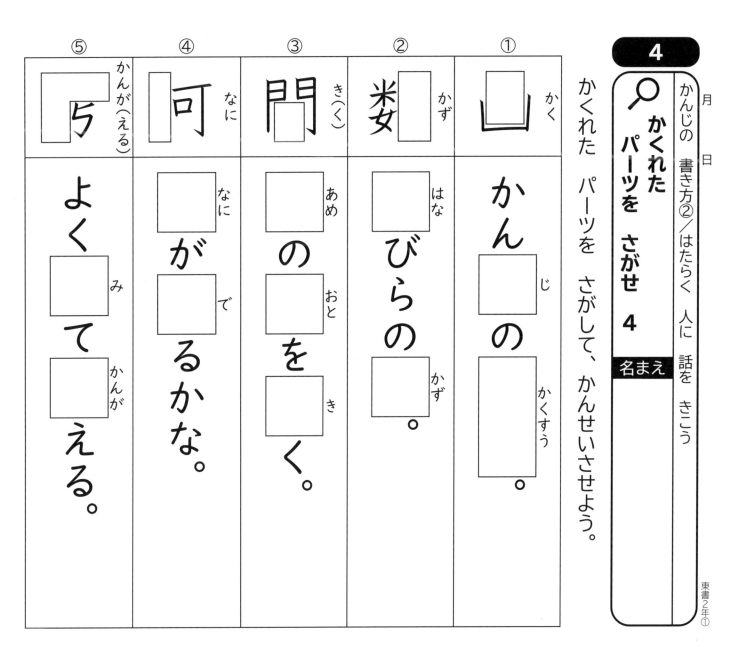

5

たんぽぽ①

月　日

かくれた パーツを さがせ 5

名まえ

かくれた パーツを さがして、かんせいさせよう。

① 夜《よる》

□《よる》に□《かぜ》がふく。

② 間《あいだ》

□《いちねん》の□《あいだ》。

③ 夕　おお(い)

□《もり》には□《き》が□《おお》い。

④ ノ　すく(ない)

□《あめ》が□《すく》ない。

⑤ 毛《け》

□《あお》い□《けいと》。

⑥ ヨ　あ(たる)

□《あめ》が□《あ》たる。

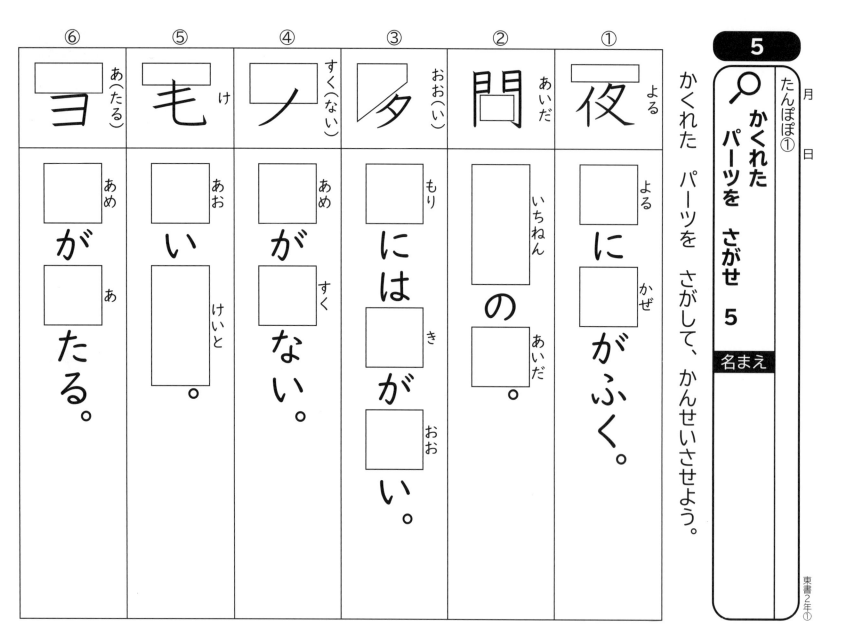

月　日

たんぽぽ②／かん字を　つかおう　2

6

かくれた パーツを さがせ 6

名まえ

かくれた　パーツを　さがして、かんせいさせよう。

①
□寺《じ》

□《さんじ》のおやつ。

②
□舌《かつ》

□《ひと》の□《せいかつ》。

③
□斗《か》

□《かがく》の□《ほん》。

④
□木《く(る)》

□《そら》から□《く》る。

⑤
□月《もん》

□《こうもん》の□《ひだり》。

東書2年①

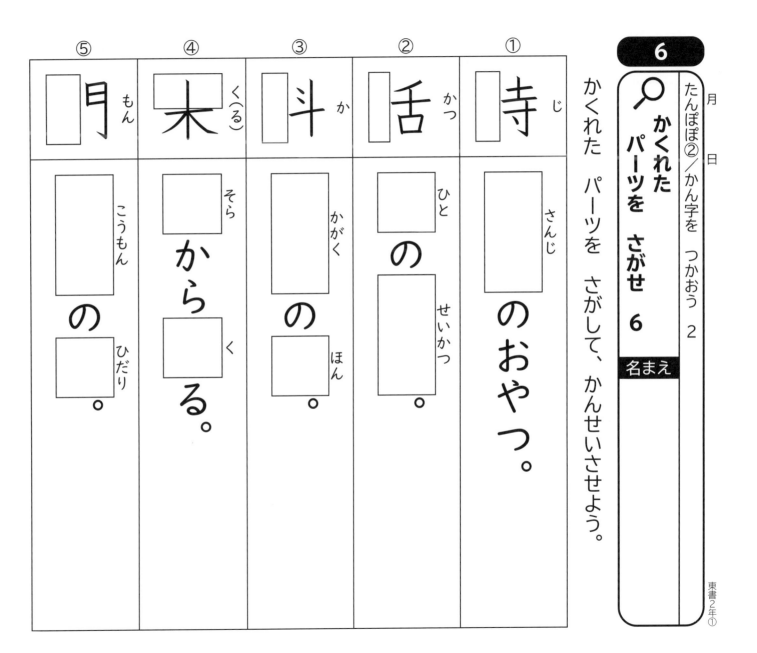

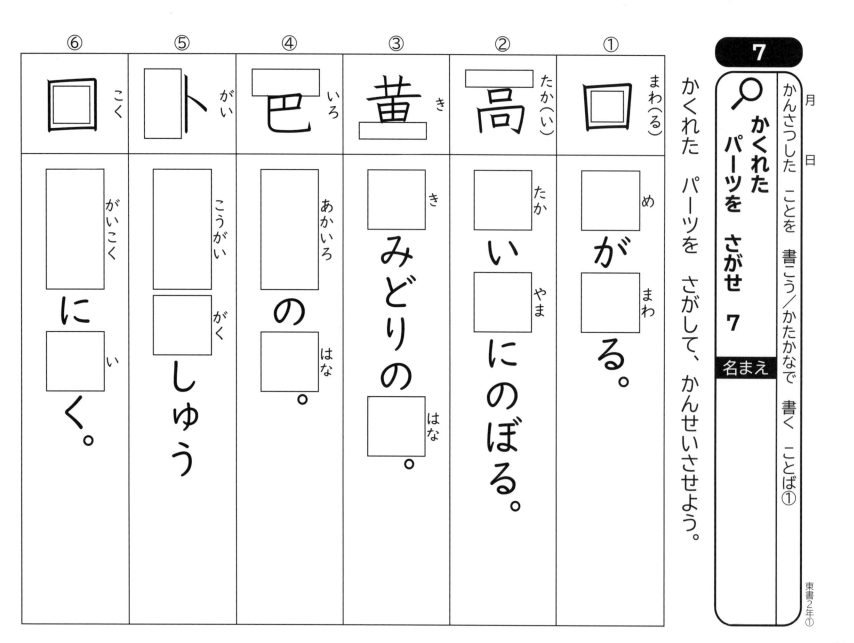

月　日

かんさつした ことを 書こう／かたかなで 書く ことば①

7 かくれた パーツを さがせ 7

名まえ

かくれた パーツを さがして、かんせいさせよう。

① 回　まわ(る)

□《め》が□《まわ》る。

② 高　たか(い)

□《たか》い□《やま》にのぼる。

③ 黄　き

□《き》みどりの□《はな》。

④ 巴　いろ

□《あかいろ》の□《はな》。

⑤ 卜　がい

□《こうがい》□《がく》しゅう

⑥ 回　こく

□《がいこく》に□《い》く。

月　日

かたかなで 書く ことば②／名まえを みて ちょうだい①

8 かくれた パーツを さがせ 8

名まえ

かくれた パーツを さがして、かんせいさせよう。

① □也《ち》
□《ち》きゅうは□《あお》い。

② □刖《まえ》
□《まえ》の□《ひと》は□《おとこ》の□《こ》。

③ □予《の》
□《のやま》の□《くさ》。

④ 𠂆□《はら》
□《おお》きな□《はら》っぱ。

⑤ 豆□《あたま》
□《あたま》の□《うえ》にのせる。

⑥ □合《こた(え)》
□《こた》えを□《み》る。

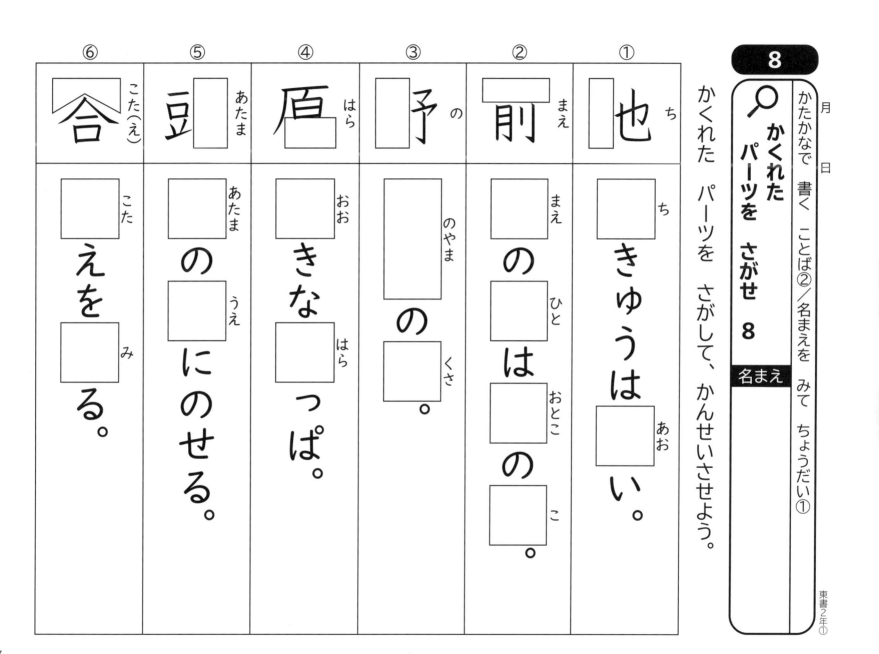

月　日

名前を　見て　ちょうだい②／かん字を　つかおう　3①

9

かくれた パーツを さがせ 9

名まえ

かくれた　パーツを　さがして、かんせいさせよう。

①　牛《うし》

□《おお》きい□《うし》。

②　昜《ば》

□《がっこう》のすな□《ば》。

③　云《あ(う)》

□《まち》で□《せんせい》に□《あ》う。

④　田《おも(う)》

□《おも》い□《で》の□《そら》。

⑤　ラ《いま》

□《いま》の□《てんき》。

⑥　土《しゃ》

□《むら》のじん□《じゃ》。

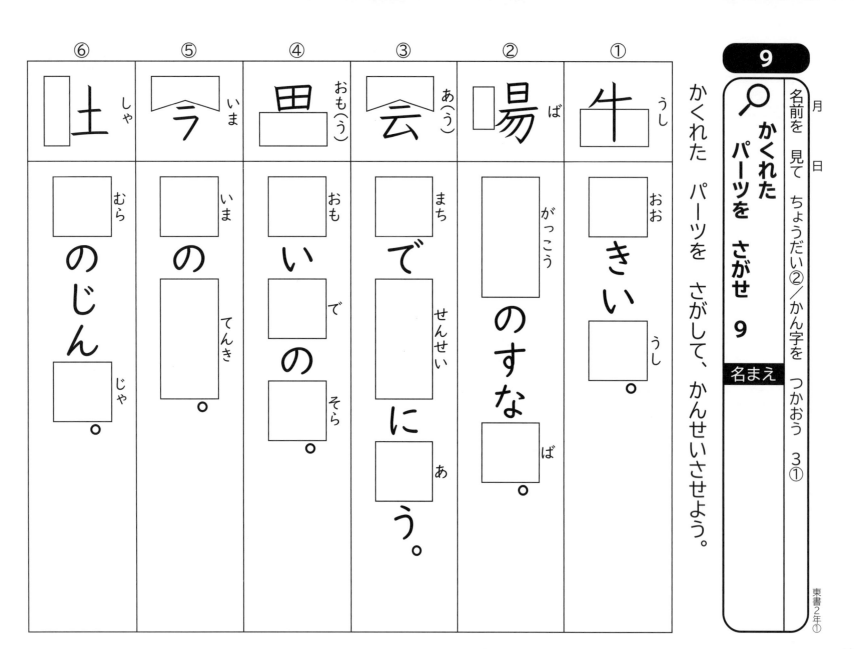

月　日

かん字を　つかおう　3②

10 かくれた パーツを さがせ 10

名まえ

かくれた　パーツを　さがして、かんせいさせよう。

① 亲□《おや》

□《おや》ゆびを□《た》てる。

② 𠂇□《とも》

□《とも》だち□《ひゃくにん》。

③ □月《あか(るい)》

□《そら》が□《あか》るい。

④ □十《けい》

□《けいかく》を□《た》てる。

⑤ 𥫗目□《さん》

お□《かね》の□《けいさん》。

東書2年①

11

こんな　ことを　して　いるよ～どうぶつえんの　かんばんと…①

月　日

かくれた パーツを さがせ 11

名まえ

かくれた　パーツを　さがして、かんせいさせよう。

①	□且《く(む)》	□《あし》を□《く》む。
②	□家《いえ》	□《いし》の□《いえ》をたてる。
③	ノ□《じ》	□《はな》が□《じ》まんの□《むら》。
④	心□《こころ》	□《いぬ》の□《こころ》がわかる。
⑤	孝□《おし(える)》	□《もじ》を□《おし》える。
⑥	園《えん》	ようち□《えん》に□《はい》る。

東書2年①

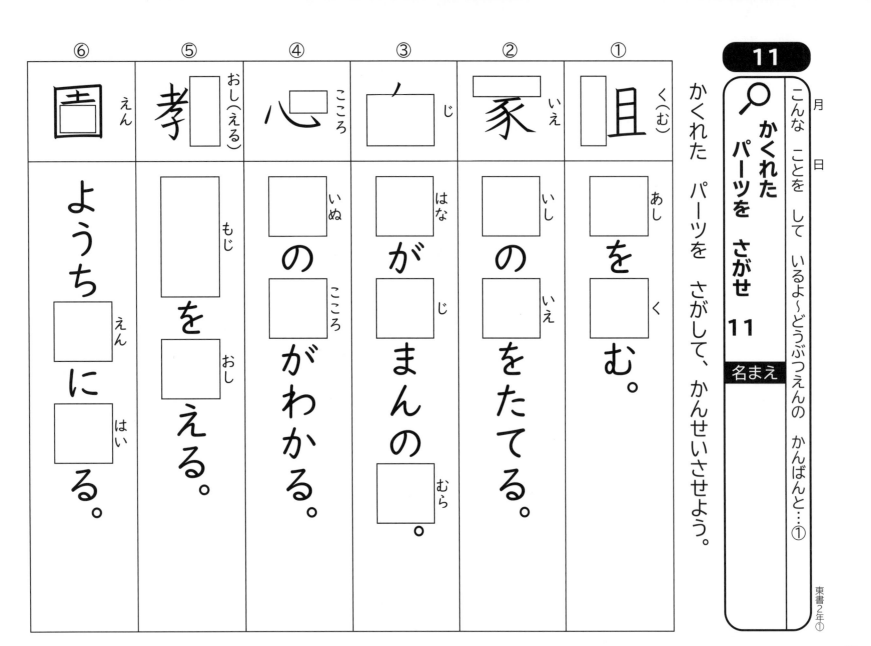

月　日

12

どうぶつ園《えん》の　かんばんと　ガイドブック②

かくれた　パーツを　さがせ　12

名まえ

かくれた　パーツを　さがして、かんせいさせよう。

①	②	③	④	⑤	⑥
□口（し(る)）	□本（からだ）	镸□（なが(い)）	太□（ふと(る)）	内□（にく）	冂□（おな(じ)）
□《なまえ》を□《し》る。	□《ひと》の□《からだ》のほね。	□《あし》の□《なが》い□《いぬ》。	□《き》のみきが□《ふと》る。	□《おお》きなとり□《にく》。	□《おな》じ□《がっこう》の□《ひと》。

東書2年①

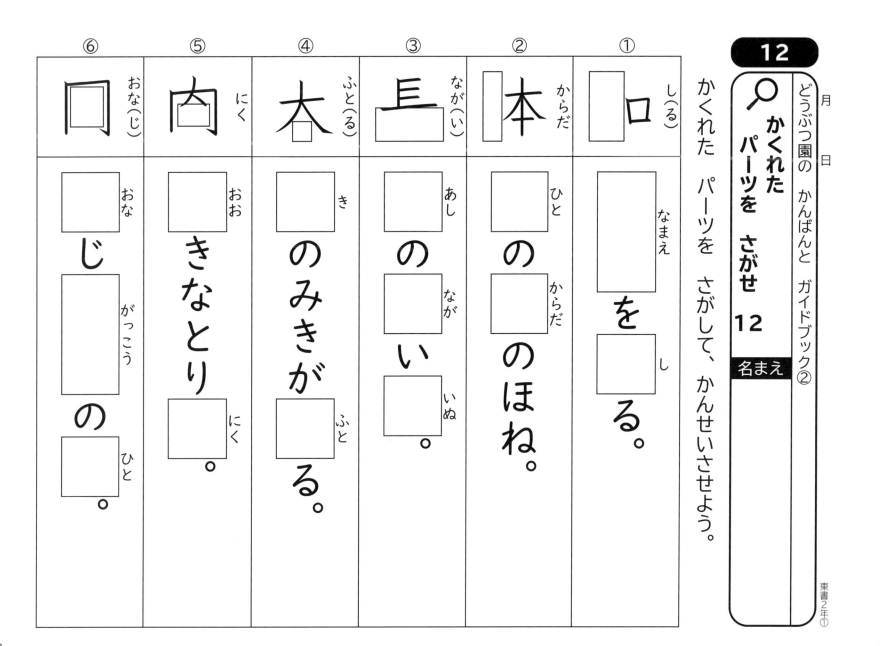

月　日

かぜの　ゆうびんやさん

13

＋かん字　たしざん　1

名まえ

かん字の　たしざんを　しよう。

＊こたえの　かん字で　ことばを　つくろう。

① 几 ＋ ノ ＋ 虫 ＝ □ ↓ ↓ ↓ ↓ ↓ □

② 二 ＋ 儿 ＝ □ ↓ ↓ ↓ ↓ ↓ □

③ 言 ＋ 士 ＋ 冗 ＝ □ ↓ ↓ ↓ ↓ □

④ 亠 ＋ 二 ＋ 口 ＝ □ ↓ ↓ ↓ ↓ □

⑤ ⺌ ＋ 一 ＋ 儿 ＝ □ ↓ ↓ ↓ ↓ □

⑥ 言 ＋ 千 ＋ 口 ＝ □ ↓ ↓ ↓ ↓ □

⑦ 九 ＋ 丶 ＝ □ ↓ ↓ ↓ ↓ ↓ □

⑧ 士 ＋ 尸 ＝ □ ↓ ↓ ↓ ↓ ↓ □

14

月　日

としょかんへ　いこう／かん字の　かきかた①

＋かん字　たしざん　2

名まえ

かん字の　たしざんを　しよう。

① 彳＋亍＝□

② 八＋刀＝□

③ 言＋己＝□

④ 聿＋土＋日＝□

⑤ 亠＋夕＝□

⑥ 亻＋乍＝□

⑦ ト＋口＋灬＝□

⑧ 糸＋白＋水＝□

＊こたえの　かん字で　ことばを　つくろう。

東書2年②

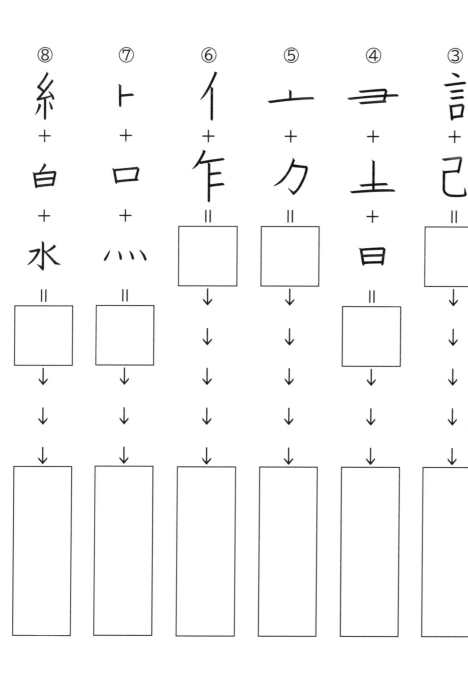

15

＋かん字 たしざん 3

かん字の 書き方②／はたらく 人に 話を きこう／たんぽぽ①

月 日

名まえ

かん字の たしざんを しよう。

＊こたえの かん字で ことばを つくろう。

① 一 ＋ 由 ＋ 山 ＝ □ ↓ ↓ ↓ ↓ ↓ □

② 米 ＋ 女 ＋ 攵 ＝ □ ↓ ↓ ↓ ↓ ↓ □

③ 門 ＋ 耳 ＝ □ ↓ ↓ ↓ ↓ ↓ □

④ 亻 ＋ 一 ＋ 口 ＝ □ ↓ ↓ ↓ ↓ ↓ □

⑤ 耂 ＋ 丂 ＝ □ ↓ ↓ ↓ ↓ ↓ □

⑥ 亠 ＋ 亻 ＋ 夂 ＝ □ ↓ ↓ ↓ ↓ □

⑦ 門 ＋ 日 ＝ □ ↓ ↓ ↓ ↓ ↓ □

⑧ 夕 ＋ 夕 ＝ □ ↓ ↓ ↓ ↓ ↓ □

月　日

たんぽぽ②／かん字を　つかおう　2

＋かん字　たしざん　4

名まえ

かん字の　たしざんを　しよう。

＊こたえの　かん字で
ことばを　つくろう。

① 小＋ノ＝□→→→→→□

② 彡＋乚＝□→→→→→□

③ ⺌＋ヨ＝□→→→→→□

④ 日＋土＋寸＝□→→→→□

⑤ 氵＋千＋口＝□→→→→□

⑥ 禾＋斗＝□→→→→→□

⑦ 一＋半＋八＝□→→→→□

⑧ 門＋月＝□→→→→→□

東書2年②

17

＋かん字　たしざん　5

かんさつした　ことを　書こう／かたかなで　書く　ことば

月　　日

名まえ

かん字の　たしざんを　しよう。

① 冂＋口＋一＝□

② 亠＋口＋同＝□

③ 龷＋由＋八＝□

④ ⺈＋巴＝□

⑤ 夕＋卜＝□

⑥ 冂＋玉＋一＝□

⑦ 土＋也＝□

⑧ 䒑＋月＋刂＝□

＊こたえの　かん字で　ことばを　つくろう。

東書2年②

18

名前を　見て　ちょうだい　月　日

＋かん字　たしざん　6

名まえ

かん字の　たしざんを　しよう。

＊こたえの　かん字で　ことばを　つくろう。

①	②	③	④	⑤	⑥	⑦	⑧
里	厂	豆	⺮	𠂉	土	人	田
＋	＋	＋	＋	＋	＋	＋	＋
マ	白	𠂉	人	｜	日	二	心
＋	＋	＋	＋	＝	＋	＋	＝
了	小	貝	口	□	勿	ム	□
＝	＝	＝	＝	↓	＝	＝	↓
□	□	□	□	↓	□	□	↓
↓	↓	↓	↓	↓	↓	↓	↓
□	□	□	□	□	□	□	□

東書2年②

19

月　日

＋かん字　たしざん　7

かん字を　つかおう　3

名まえ

かん字の　たしざん　を　しよう。

＊こたえの　かん字で
ことばを　つくろう。

① 𠆢＋ラ＝□
↓↓↓↓↓
□

② ネ＋土＝□
↓↓↓↓↓
□

③ 立＋木＋見＝□
↓↓↓↓↓
□

④ ナ＋又＝□
↓↓↓↓↓
□

⑤ 日＋月＝□
↓↓↓↓↓
□

⑥ 言＋十＝□
↓↓↓↓↓
□

⑦ 𥫗＋目＋廾＝□
↓↓↓↓↓
□

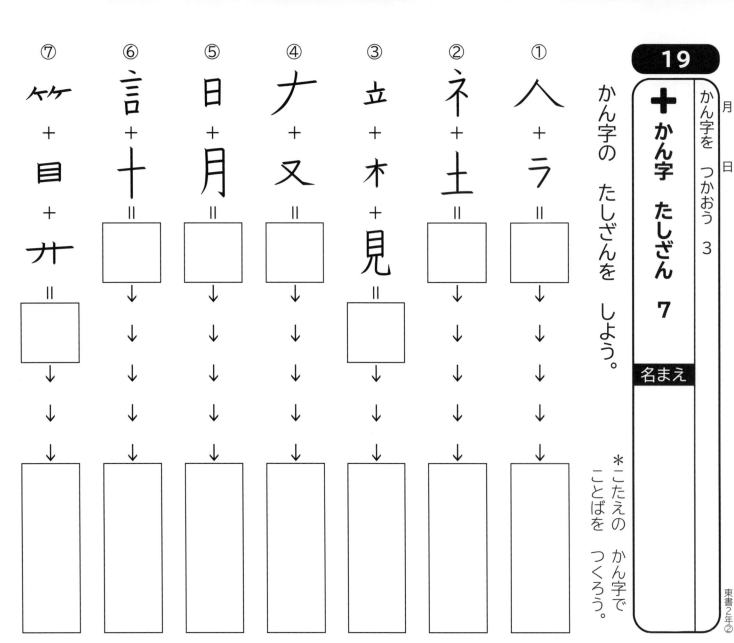

20

月　日

こんな　ことを　して　いるよ／話そう、二年生の　わたし

＋かん字　たしざん　8

名まえ

かん字の　たしざんを　しよう。

＊こたえの　かん字で
ことばを　つくろう。

① 糸＋且＝□↓↓↓↓□

② 宀＋豕＋く＝□↓↓↓□

③ ノ＋冂＋三＝□↓↓↓□

④ 八＋い＝□↓↓↓↓□

⑤ 丯＋子＋攵＝□↓↓↓□

21

月　日

どうぶつえんの　かんばんと　ガイドブック

＋かん字　たしざん　9

名まえ

かん字の　たしざんを　しよう。

＊こたえの　かん字で
ことばを　つくろう。

① 冂＋袁＋一＝□ ↓↓↓↓ □

② 矢＋口＝□ ↓↓↓↓ □

③ 亻＋木＋一＝□ ↓↓↓↓ □

④ 𠀐＋一＋𠤎＝□ ↓↓↓↓ □

⑤ 大＋丶＝□ ↓↓↓↓ □

⑥ 冂＋人＋人＝□ ↓↓↓↓ □

⑦ 冂＋一＋口＝□ ↓↓↓↓ □

東書2年②

月　日

かぜの　ゆうびんやさん①

☆たりないのは　どこ（かたちを　よく見て）1

名まえ

たりない　ところを　見つけて、正しく　かこう。

① そよ風《かぜ》

② 元《げん》気《き》

③ 読《よ》む

④ 言《い》う

⑤ 光《ひか》る

月　日

風の　ゆうびんやさん②／としょかんへ　いこう

たりないのは　どこ（かたちを　よく見て）2

名まえ

たりない　ところを　見つけて、正しく　かこう。

① むかし詁《ばなし》

② 花《はな》丸《まる》

③ わらい声《ごえ》

④ 行《い》きかた

⑤ 分《わ》ける

⑥ 口《にっ》記《き》

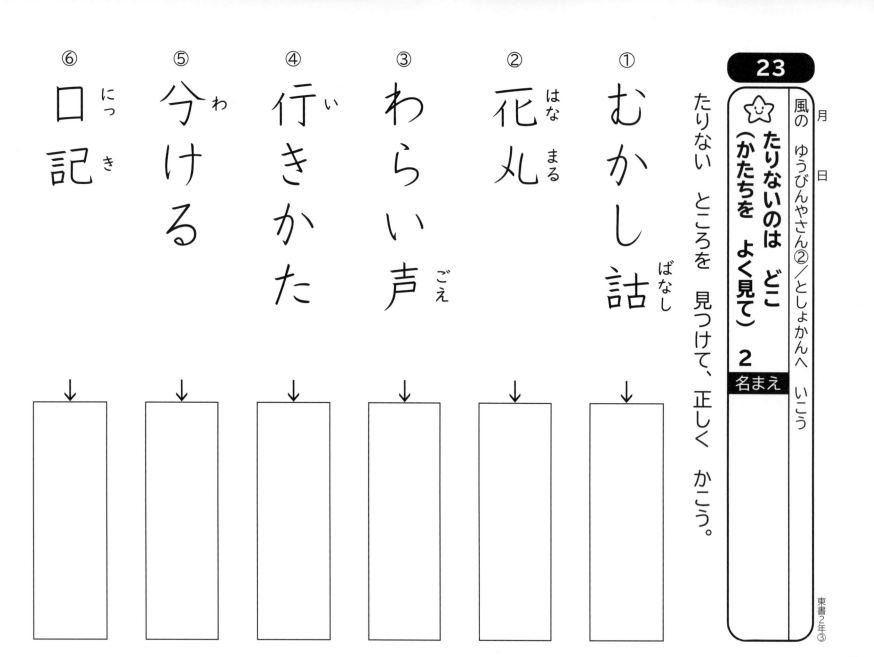

月　日

かん字の　かきかた①

たりないのは　どこ（かたちを　よく見て）3

名まえ

たりない　ところを　見つけて、正しく　かこう。

① 書《か》く

② 作《つく》り万《かた》

③ 作《つく》る

④ 百《ひゃく》点《てん》

⑤ 線《せん》ろ

東書2年③

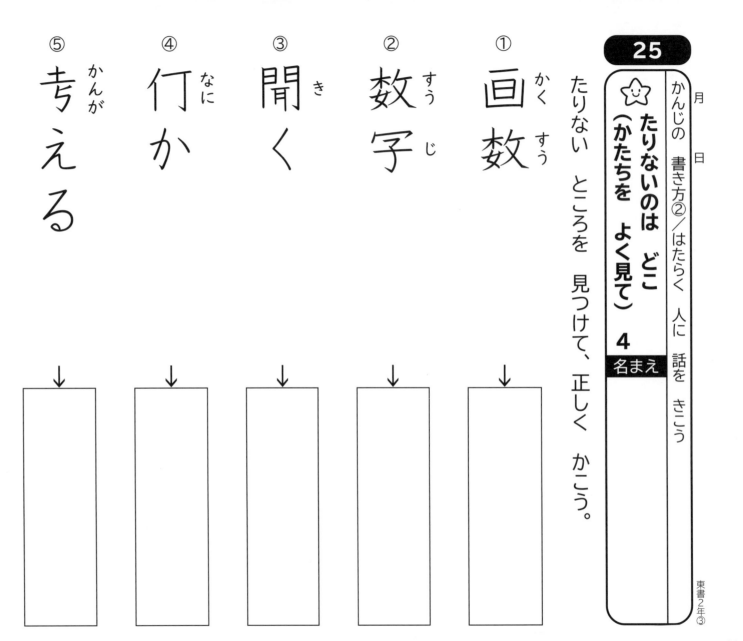

月　日

かんじの 書き方②／はたらく 人に 話を きこう

25 たりないのは どこ（かたちを よく見て）4

名まえ

たりない ところを 見つけて、正しく かこう。

① 画《かく》数《すう》

② 数《すう》字《じ》

③ 聞《き》く

④ 何《なに》か

⑤ 考《かんが》える

東書2年③

月　日

たんぽぽ①

26

たりないのは　どこ（かたちを　よく見て）5

名まえ

たりない　ところを　見つけて、正しく　かこう。

① 夜《よる》ごはん

② この間《あいだ》

③ 多《おお》い

④ 少《すく》ない

⑤ 毛《け》糸《いと》

⑥ 当《あ》たりくじ

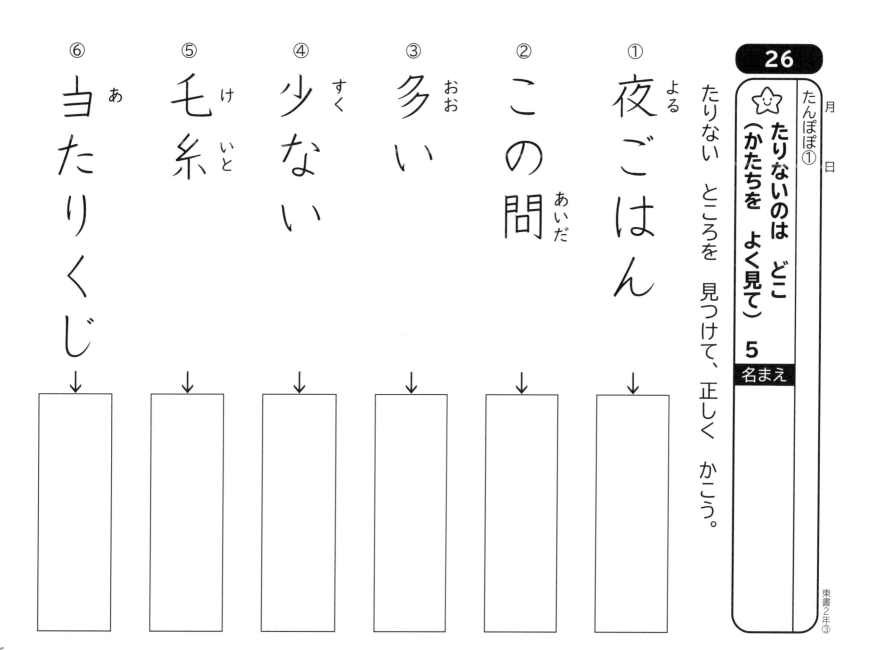

月　日

たんぽぽ②／かん字を　つかおう　2

27

たりないのは　どこ（かたちを　よく見て）6

名まえ

たりない　ところを　見つけて、正しく　かこう。

① 二《さん》時《じ》

② 主《せい》活《かつ》

③ 科《か》字《がく》

④ 未《く》る

⑤ 校《こう》門《もん》

月　日

かんさつした　ことを　書こう／かたかなで　書く　ことば①

たりないのは　どこ（かたちを　よく見て）7

名まえ

たりない　ところを　見つけて、正しく　かこう。

① 口《まわ》る

↓

② 高《たか》い

↓

③ 黄《き》みどり

↓

④ 青《あお》色《いろ》

↓

⑤ 校《こう》外《がい》

↓

⑥ 外《がい》国《こく》

↓

東書2年③

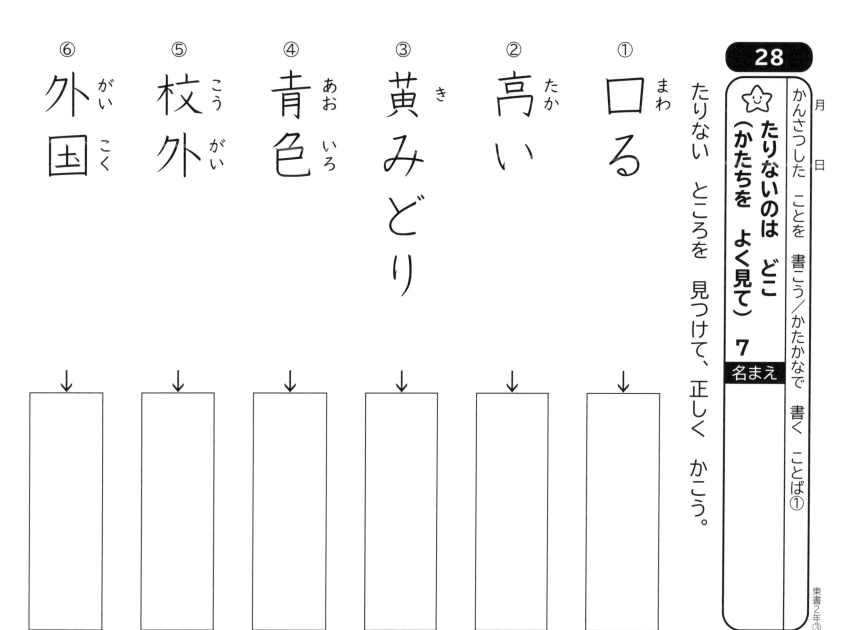

月　日

かたかなで 書く ことば②／名まえを 見て ちょうだい①

たりないのは どこ（かたちを よく見て）8

名まえ

たりない ところを 見つけて、正しく かこう。

① 地《ち》きゅう

② 前《まえ》とうしろ

③ 野《の》山《やま》

④ 原《はら》っぱ

⑤ 石《いし》頭《あたま》

⑥ 答《こた》え

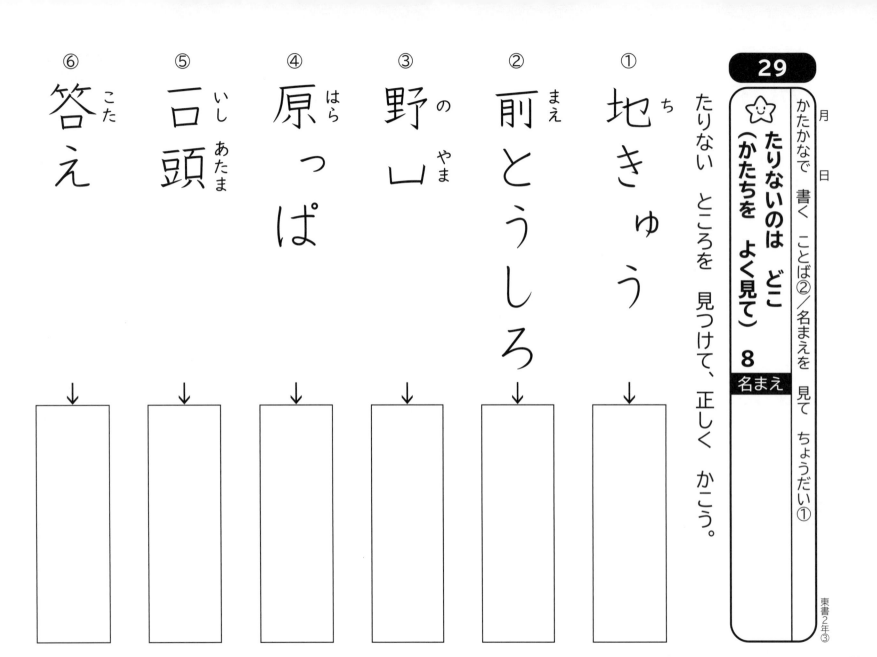

月　日

名前を　見て　ちょうだい②／かん字を　つかおう　3①

たりないのは　どこ（かたちを　よく見て）9

名まえ

たりない　ところを　見つけて、正しく　かこう。

①　人《おお》きい牛《うし》

②　あそび場《ば》

③　会《あ》う

④　思《おも》い出《だ》す

⑤　今《いま》から

⑥　会《かい》社《しゃ》

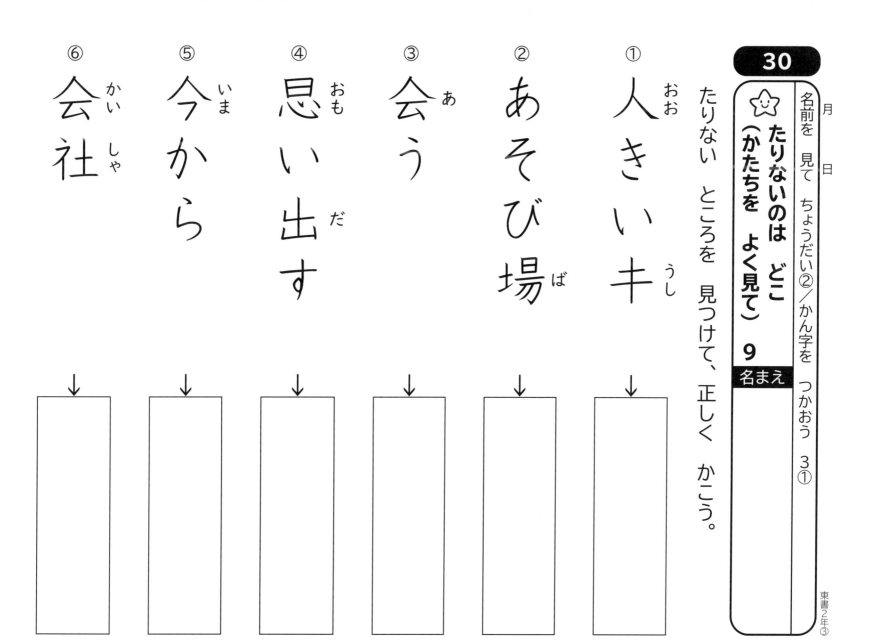

31

月　日

かん字を　つかおう　3②

たりないのは　どこ（かたちを　よく見て）

10

名まえ

たりない　ところを　見つけて、正しく　かこう。

① 親《おや》寸《こ》

② 友《とも》だち

③ 明《あか》るい

④ 計《けい》算《さん》

⑤ 算《さん》数《すう》

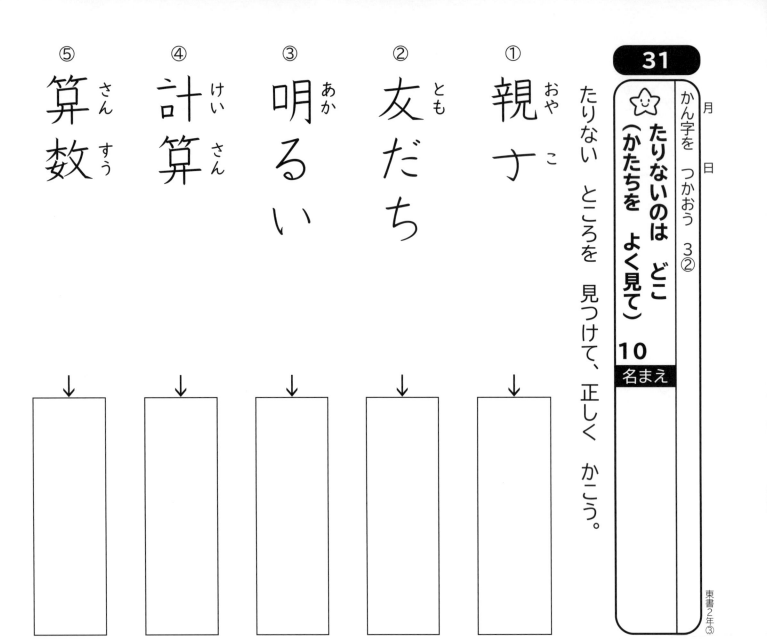

月　日

こんな　ことを　して　いるよ～どうぶつえんの　かんばんと…①

32

たりないのは　どこ（かたちを　よく見て）11

名まえ

たりない　ところを　見つけて、正しく　かこう。

① 組《く》み立《た》て ↓

② 家《いえ》の口《なか》 ↓

③ 目《じ》てん車《しゃ》 ↓

④ 心《こころ》のこり ↓

⑤ 教《おし》える ↓

⑥ ようち園《えん》 ↓

東書2年③

月　日

33

どうぶつ園の　かんばんと　ガイドブック②

☆たりないのは　どこ（かたちを　よく見て）12

名まえ

たりない　ところを　見つけて、正しく　かこう。

① もの知《し》り

↓

② ノ《ひと》の体《からだ》

↓

③ 長《なが》い

↓

④ 大《ふと》る

↓

⑤ とり冈《にく》

↓

⑥ 同《おな》じ

↓

東書2年③

34

月　日

かぜの　ゆうびんやさん①

かん字を　入れよう　1

名まえ

文を　よんで、ぴったりの　かん字を　入れよう。

①つよい［　］がふいて、ぼうしをとばされた。

②はれた日は、そとで［　］気にあそびましょう。

③「ふきのとう」のおはなしを［　］みました。

④大きなこえで「おはよう」と［　］いましょう。

⑤車のライトが、まぶしく［　］っている。

⑥おばあちゃんと、でんわで［　］しました。

⑦きれいにかいたので、花［　］をつけてもらった。

ヒント　光　風　丸　元　話　読　言

東書2年④

かん字を 入れよう 2

名まえ

文を よんで、ぴったりの かん字を 入れよう。

①学校の校かを、大きな□でうたいましょう。

②おかあさんと、かいものに□きました。

③こたえが□かった人は、手をあげましょう。

④ともだちとあそんだことを、日□にかく。

⑤えんぴつで、ていねいに字を□いた。

⑥かぶとのおり□を、おしえてもらった。

⑦このはたけでは、レタスを□っている。

ヒント　書　行　分　方　声　記　作

月　日

かん字を　入れよう　3

かん字の　書き方②／はたらく　人に　話を　きこう

名まえ

文を　よんで、ぴったりの　かん字を　入れよう。

①かん字テストで百□まんてんをとった。

②かみにまっすぐな□をひきました。

③かん字の□すうを、かぞえながら書く。

④おさらのイチゴの□をかぞえる。

⑤とりが、「ピヨピヨ」となくのを□いた。

⑥みんなで、□をしてあそぶかそうだんした。

⑦なにを書くか、よく□えましょう。

ヒント　数　点　聞　考　何　画　線

東書2年④

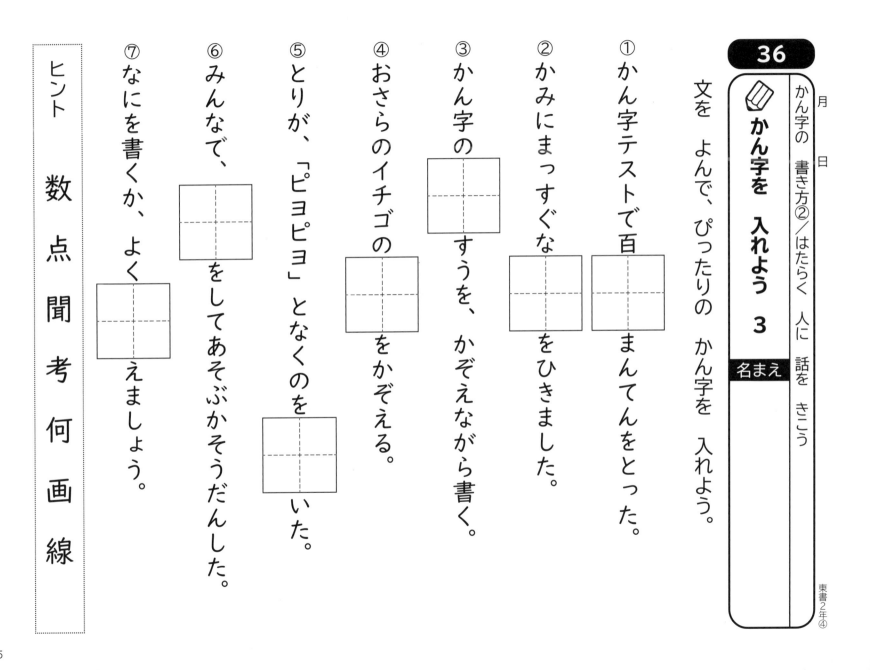

かん字を 入れよう 4

名まえ

文を よんで、ぴったりの かん字を 入れよう。

① 月のない□、空に、ほしが光っている。

② まえの人と□をあけて、ならびましょう。

③ 休みの日のこうえんは、人が□い。

④ 男の子の人数が、女の子より□ない。

⑤ 女の子が、ながいかみの□をむすんでいる。

⑥ ボールが、かおに□たって、はなぢが出た。

⑦ ぼくは、□どきしゅくだいをわすれる。

ヒント　毛　夜　少　当　多　時　間

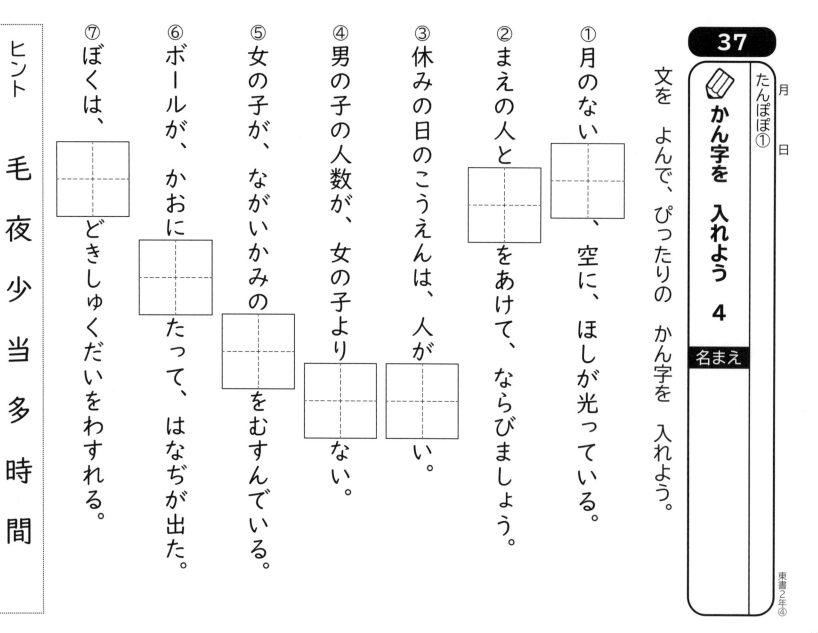

月　日

たんぽぽ②／かん字を　つかおう　2／かんさつした　ことを　書こう①

東書2年④

かん字を　入れよう　5

名まえ

文を　よんで、ぴったりの　かん字を　入れよう。

①休みの日も、きそく正しい生□をしましょう。

②生かつ□で、あさがおをそだてました。

③三十ぷんまって、やっとバスが□ました。

④学校の入口には校□がある。

⑤こまが、くるくると□る。

⑥キリンは、くびがながくて、せが□い。

⑦みちばたに□いろいタンポポがさいている。

ヒント　来　高　科　活　回　黄　門

月　日

かんさつした　ことを　書こう②〜名まえを　見て　ちょうだい①

39

かん字を　入れよう　6

名まえ

文を　よんで、ぴったりの　かん字を　入れよう。

①かいたえに、クレヨンで □ をぬりました。

②このふねは、□ こくに行くふねです。

③ひこうきにのって、がい □ に行く。

④わたしたちのすむほしは、□ きゅうです。

⑤いちばん □ から、うしろにまわしてください。

⑥ひろい □ はらにねころんで、空を見た。

⑦ひろい □ っぱで、かけっこをする。

ヒント
野　地　国　外　前　原　色

東書2年④

月　日

名前を　見て　ちょうだい②

かん字を　入れよう　7

名まえ

文を　よんで、ぴったりの　かん字を　入れよう。

①てつぼうにぶつかって、□にこぶができた。

②テストのもんだいの□えを考える。

③ぼくじょうで、□が草をたべている。

④おもちゃうり□でゲームをさがした。

⑤てん校したともだちに、ひさしぶりに□う。

⑥えんそくは、たのしい□い出がいっぱいだ。

ヒント

牛　場　思　頭　答　会

東書2年④

41

月　日

かん字を　つかおう　3

かん字を　入れよう　8

名まえ

文を　よんで、ぴったりの　かん字を　入れよう。

①空がくらくて、□にも雨がふりそうだ。

②おとうさんは、会□でしごとをしている。

③どうぶつえんで、パンダの□子を見た。

④学校からかえって□だちのいえであそぶ。

⑤よがあけて、空が□るくなった。

⑥なつ休みの□画を立てましょう。

⑦あしたは、国ご□数のテストがある。

ヒント
親　社　計　今　明　友　算

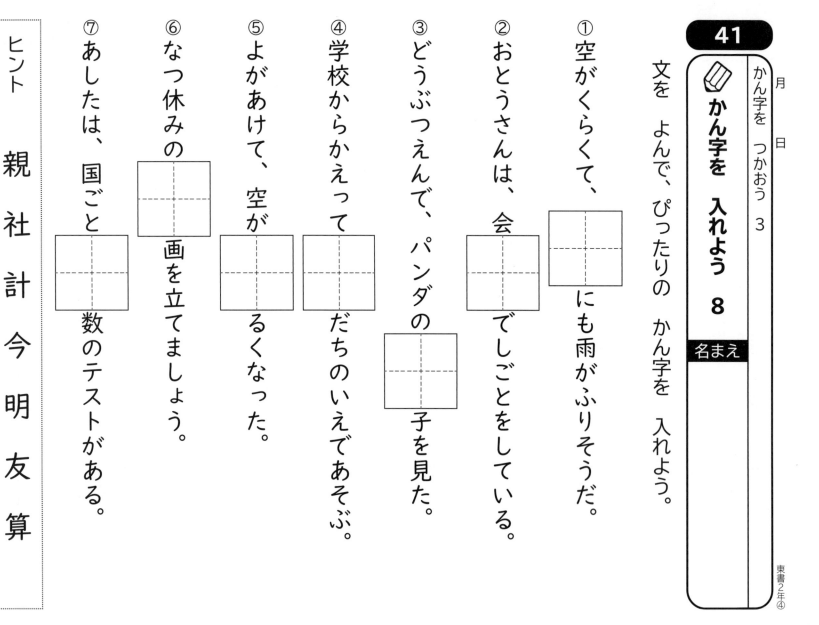

42

こんな　ことを　して　いるよ／話そう、二年生の　わたし

月　日

かん字を　入れよう　9

名まえ

文を　よんで、ぴったりの　かん字を　入れよう。

①おとうとと、おもちゃの車を［　］み立てる。

②学校がおわって、［　］にかえりました。

③こうえんまで、［　］てん車にのって行く。

④このお話は、とても［　］にのこりました。

⑤わからないことは、先生が［　］えてくれる。

ヒント　心　組　教　自　家

東書2年④

43

月　日

どうぶつえんの　かんばんと　ガイドブック

かん字を　入れよう　10

名まえ

文を　よんで、ぴったりの　かん字を　入れよう。

①どうぶつ□で、くびのながいキリンを見た。

②ぼくは、何も□りません。

③うんどうをして、□をきたえる。

④ぞうのはなは□くて、べんりだ。

⑤おとうさんのうでは□くて、力もちだ。

⑥かぞくで、やき□パーティーをしました。

⑦友だちと□じクラスになって、うれしい。

ヒント　長　太　体　知　肉　園　同

東書2年④

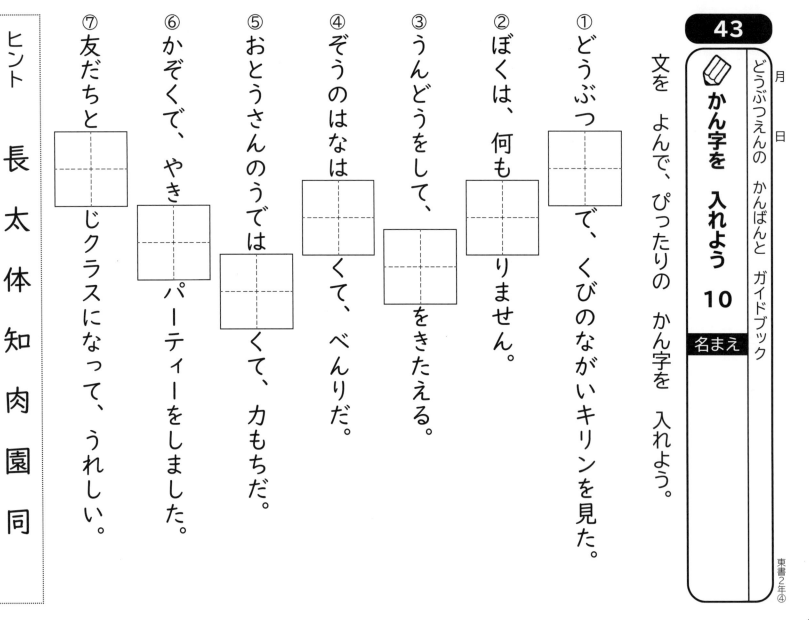

2学期

月　日

みんなで 話しあおう／ニャーゴ①

かくれた パーツを さがせ 13

名まえ

かくれた パーツを さがして、かんせいさせよう。

① あ（う）

□《め》と□《め》が□《あ》う。

② たの（しい）

□《がっこう》は□《たの》しい。

③ ゆき

□《あめ》が□《ゆき》にかわる。

④ かお

□《かお》を□《み》せる。

⑤ た（べる）

□《くさ》を□《た》べる□《むし》。

⑥ ある（く）
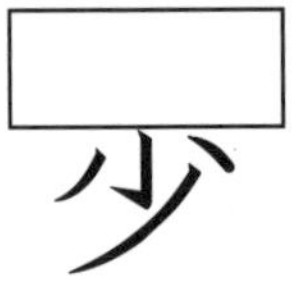

□《もり》の□《なか》を□《ある》く。

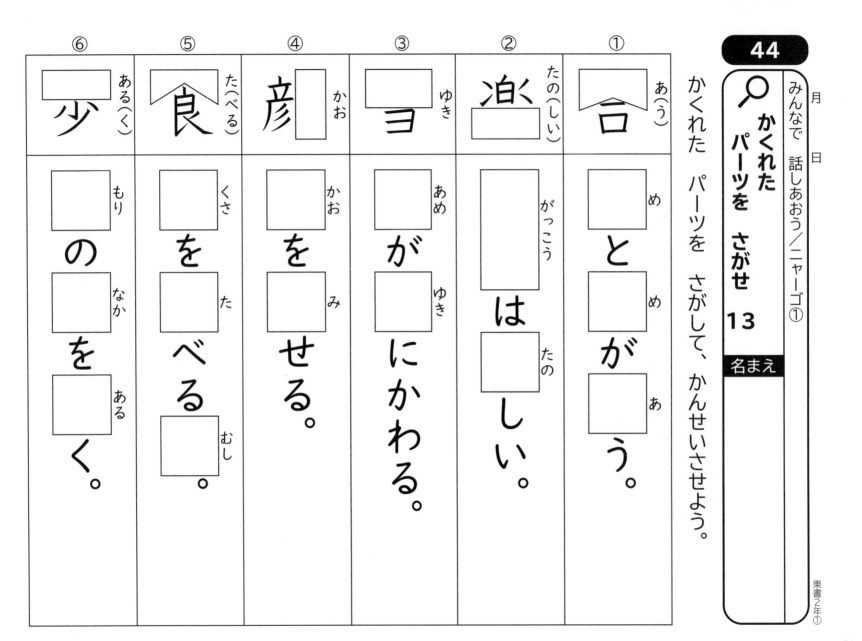

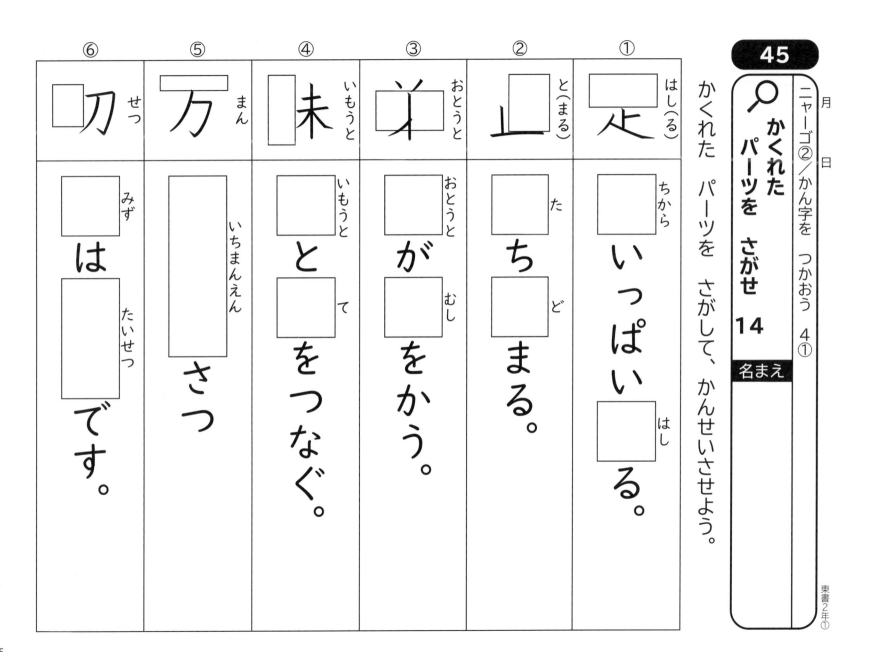

月　日

45

ニャーゴ②／かん字を　つかおう　4①

かくれた パーツを さがせ 14

名まえ

かくれた　パーツを　さがして、かんせいさせよう。

① □《はし(る)》

□《ちから》いっぱい□《はし》る。

② □《と(まる)》

□《た》ち□《ど》まる。

③ □《おとうと》

□《おとうと》が□《むし》をかう。

④ □《いもうと》

□《いもうと》と□《て》をつなぐ。

⑤ □《まん》

□《いちまんえん》さつ

⑥ □《せつ》

□《みず》は□《たいせつ》です。

東書2年①

月　日

かん字を　つかおう　4②／えを　みて　お話を　書こう

46

かくれた パーツを さがせ 15

名まえ

かくれた　パーツを　さがして、かんせいさせよう。

①
才《さい》

かん□《じ》の□《てんさい》。

②
吾《ご》

□《にほんご》の□《ほん》。

③
台《だい》

□《どだい》の□《うえ》。

④
会《え》

□《えほん》の□《いぬ》。

⑤
広《ひろ(い)》

□《ひろ》い□《た》はた。

⑥
図《ず》

□《てんきず》を□《み》る。

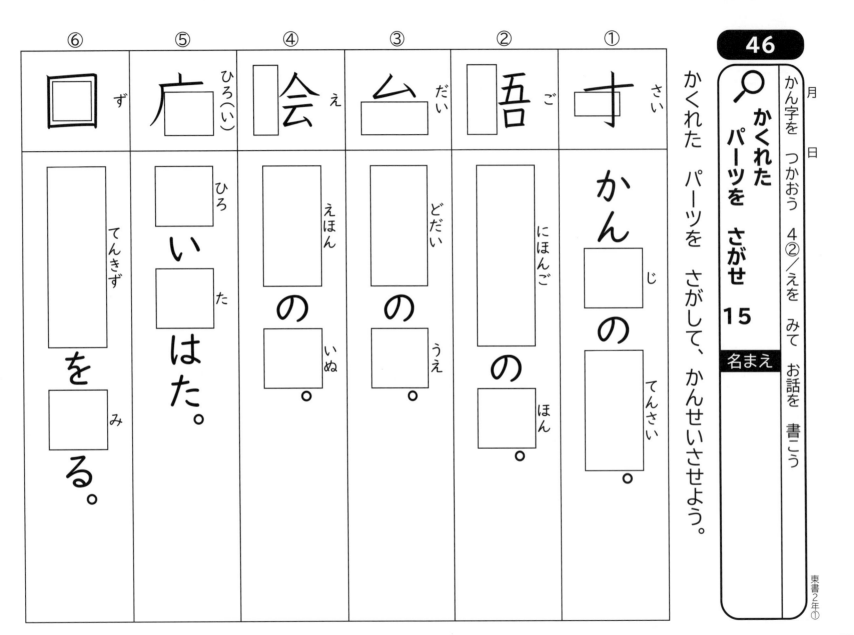

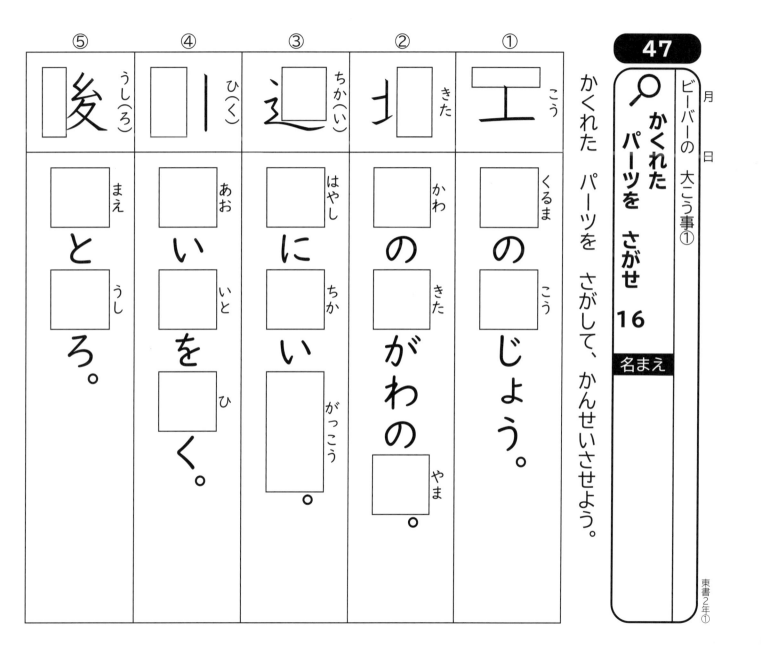

ビーバーの　大こう事①

月　日

かくれた　パーツを　さがせ　16

名まえ

かくれた　パーツを　さがして、かんせいさせよう。

① □《こう》

□《くるま》の□《こう》じょう。

② □《きた》

□《かわ》の□《きた》がわの□《やま》。

③ □《ちか(い)》

□《はやし》に□《ちか》い□《がっこう》。

④ □《ひ(く)》

□《あお》い□《いと》を□《ひ》く。

⑤ □《うし(ろ)》

□《まえ》と□《うし》ろ。

月　日

ビーバーの 大工事②／「どうぶつカード」を 作ろう

かくれた パーツを さがせ 17

名まえ

かくれた パーツを さがして、かんせいさせよう。

① 开□《かたち》

□《いぬ》の□《かたち》の□《いし》。

② 冂□《うち》

□《うち》がわに□《た》つ。

③ □毎《うみ》

□《うみ》の□《ひ》は□《しちがつ》だ。

④ 亲□《あたら(しい)》

□《あたら》しい□《ほん》。

⑤ □虽《つよ(い)》

□《みぎて》の□《ちから》が□《つよ》い。

東書2年①

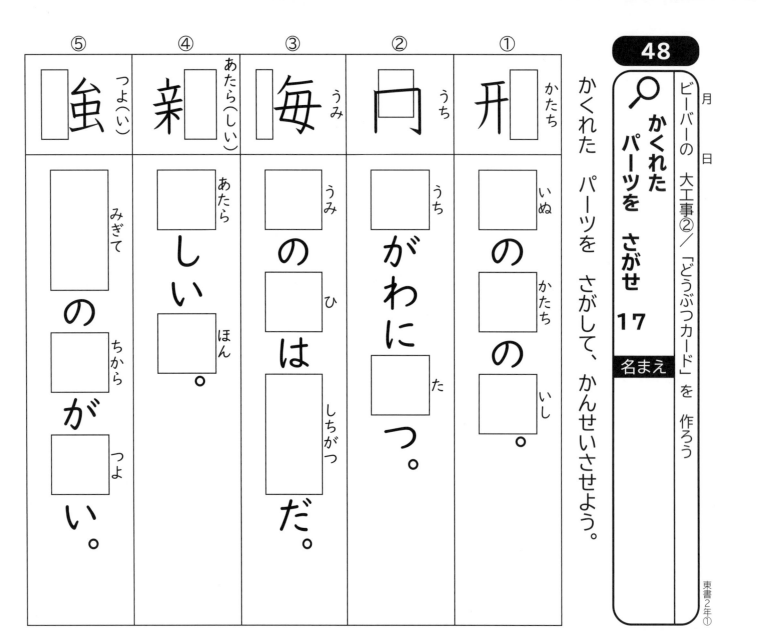

かくれた パーツを さがせ 18

名まえ

主語と じゅつ語／町で 見つけた ことを 話そう①

月　日

かくれた パーツを さがして、かんせいさせよう。

①

□鳥《な(る)》

ベルの□《おと》が□《な》る。

②

□云《くも》

□《くも》の□《うえ》。

③

□青《は(れる)》

□《そら》が□《は》れる。

④

□公《ふね》

□《ふね》で□《かわ》をわたる。

⑤

庄□《みせ》

□《むら》の□《ちい》さなお□《みせ》。

⑥

各□《ふゆ》

□《ふゆやす》みになる。

東書2年①

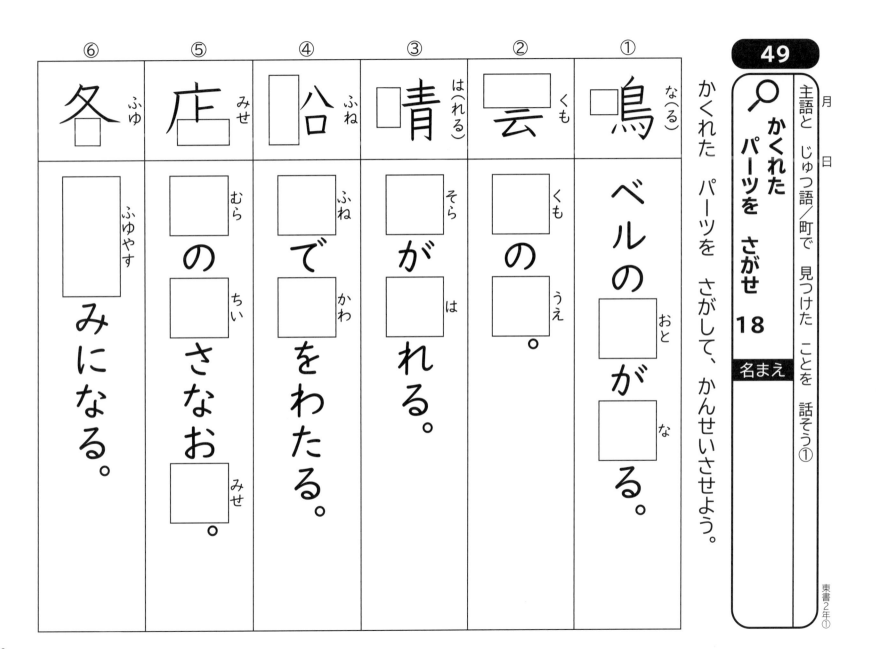

月　日

かくれた パーツを さがせ 19

町で 見つけた ことを 話そう②／かたかなを つかおう 1

名まえ

かくれた パーツを さがして、かんせいさせよう。

①

あさ

□《あさ》の□《てんき》。

②

しゅう

□《せんしゅう》の□《きん》よう□《び》。

③

いち

□《ようか》に□《いち》が□《た》つ。

④

ちゃ

お□《ちゃ》わん□《いっ》ぱい。

⑤

はる

□《はるやす》みの□《ひ》。

⑥

かく

□《しかく》と□《さんかく》。

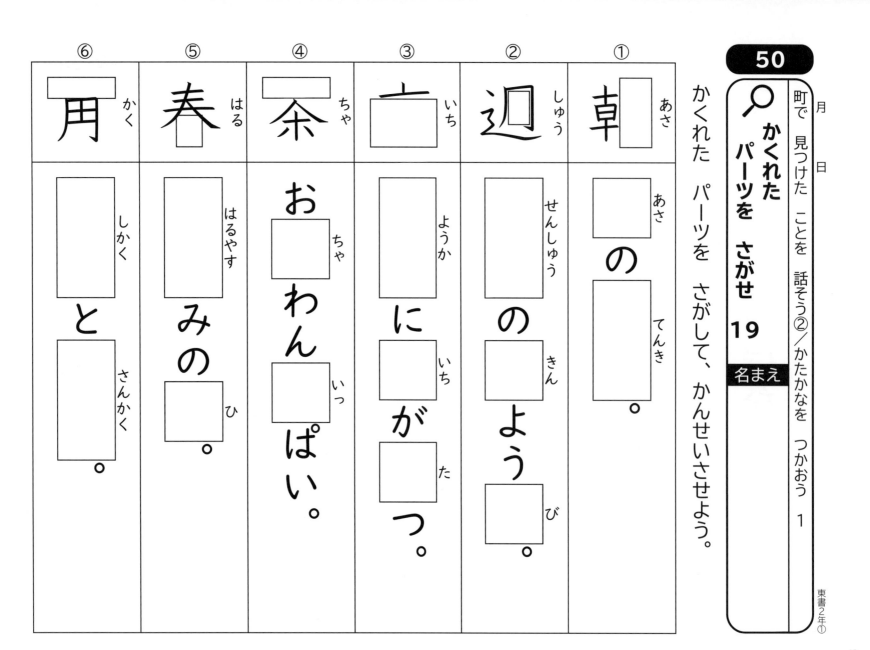

月　日

なかまに なる ことば①

51

かくれた パーツを さがせ

20

名まえ

かくれた パーツを さがして、かんせいさせよう。

①

なつ

□《がっこう》は□《なつやす》みだ。

②

あき

すんだ□《あき》の□《そら》。

③

とう

□《とう》ようの□《ひと》たち。

④

みなみ

□《みなみ》のしまの□《だいおう》。

⑤

にし

□《にし》の□《そら》が□《あか》い。

⑥
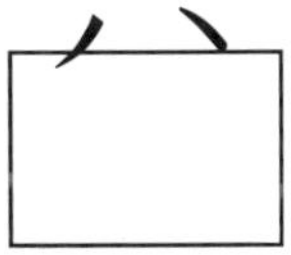
ちち

□《ちち》の□《くるま》にのる。

東書2年①

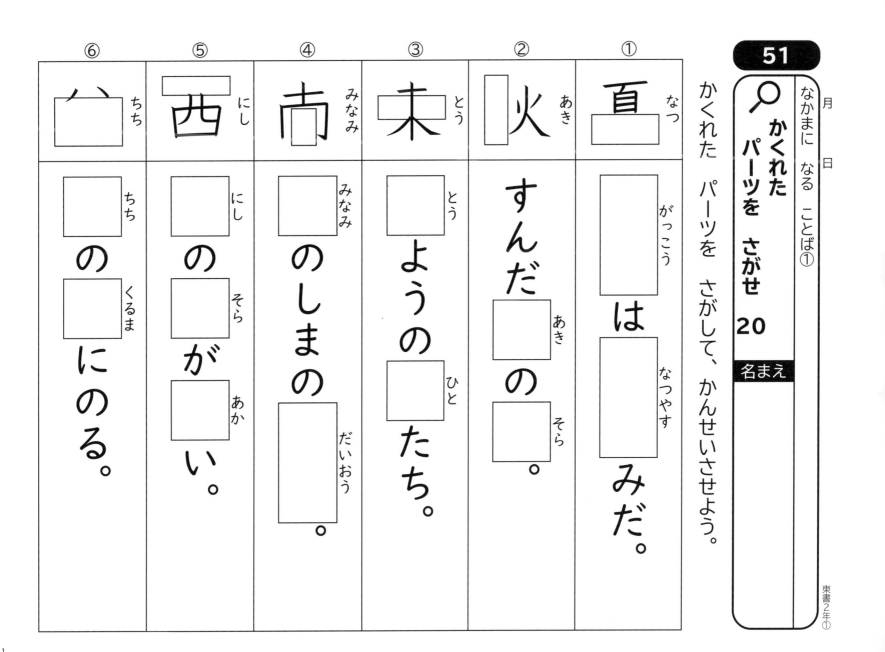

月　日

52

かくれた パーツを さがせ 21

なかまに なる ことば②／「ありがとう」を つたえよう

名まえ

かくれた パーツを さがして、かんせいさせよう。

① 母《はは》

□《はは》と□《やま》にのぼる。

② 口□《あに》

□《あに》は□《あし》がはやい。

③ □市《あね》

□《あね》に□《ほん》をかりる。

④ 昼《ひる》

□《ひる》から□《あめ》がふる。

⑤ □氏《かみ》

お□《てがみ》をおくる。

⑥ □至《しつ》

□《きょうしつ》に□《はい》る。

東書2年①

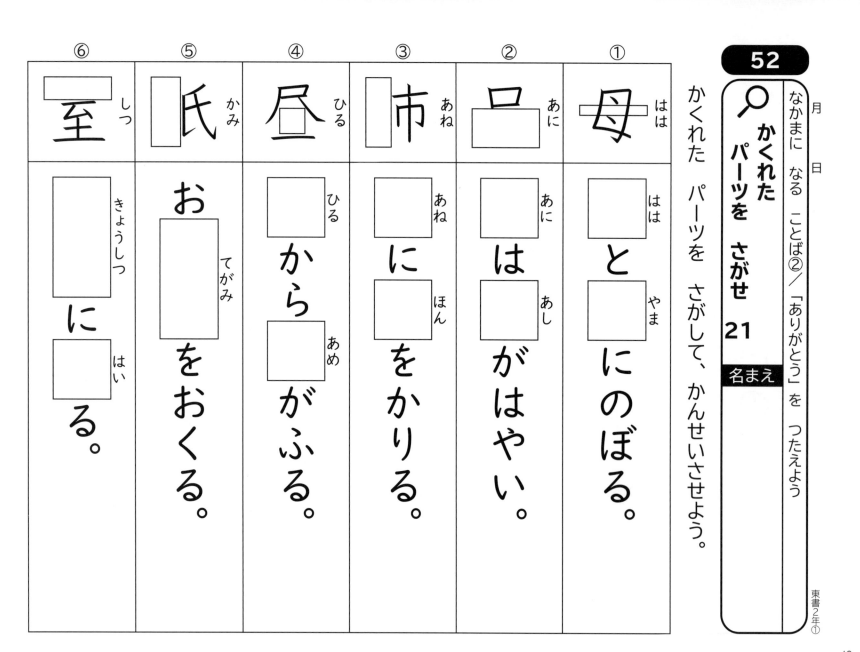

53

かさこじぞう

月　日

かくれた パーツを さがせ 22

名まえ

かくれた パーツを さがして、かんせいさせよう。

① ☐冗《う(る)》

☐《はな》を☐《う》る。

② ☐貝《か(う)》

☐《ほん》を☐《か》う。

③ 道《みち》

☐《みちくさ》をする。

④ ☐米☐《こめ》

☐《しろ》いお☐《こめ》。

⑤ 哥☐《うた(う)》

☐《こう》かを☐《うた》う。

⑥ ☐戸《と》

☐《と》をあけて☐《で》る。

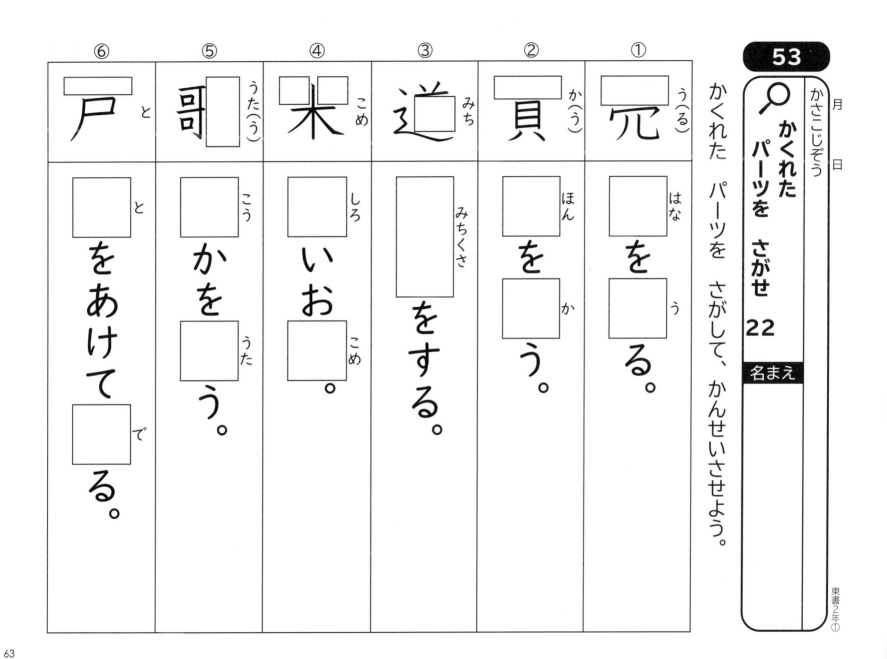

月　日

かん字を　つかおう　5

かくれた　パーツを　さがせ　23

名まえ

かくれた　パーツを　さがして、かんせいさせよう。

① □翟《よう》

□《にちようび》は□《やす》む。

② □《ご》

□《しょうご》まで□《やす》む。

③ □《たに》

□《たにがわ》の□《みず》。

④ □石《いわ》

□《おお》きな□《いわやま》。

⑤ □也《いけ》

□《いけ》の□《みず》をくむ。

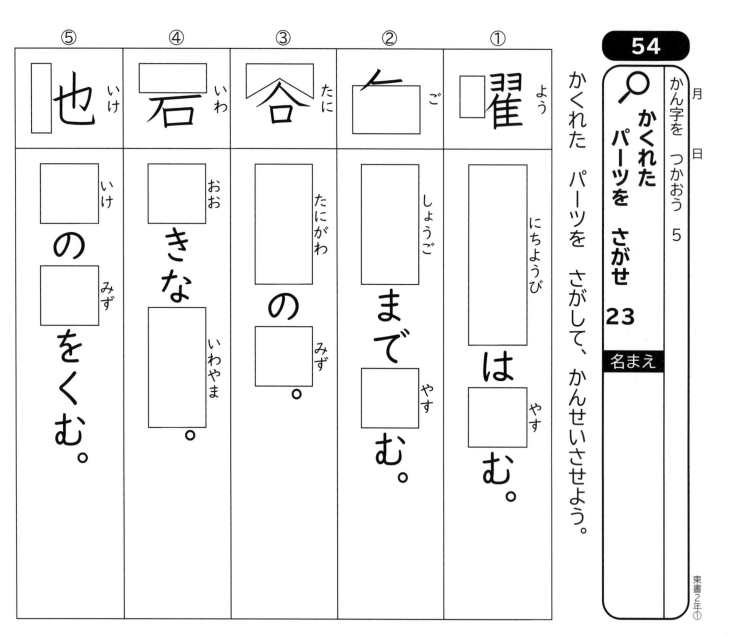

55

月　日

みんなで　話しあおう／ニャーゴ①

かん字　たしざん　10

名まえ

東書2年②

かん字の　たしざんを　しよう。

＊こたえの　かん字で
ことばを　つくろう。

①　人　＋　一　＋　口　＝　□　↓↓↓↓↓　□

②　白　＋　ハ　＋　木　＝　□　↓↓↓↓↓　□

③　雨　＋　ヨ　＝　□　↓↓↓↓↓　□

④　彦　＋　ㇵ　＋　貝　＝　□　↓↓↓↓↓　□

⑤　人　＋　良　＝　□　↓↓↓↓↓　□

⑥　止　＋　少　＝　□　↓↓↓↓↓　□

56

月　日

＋かん字 たしざん 11

ニャーゴ②／かん字を つかおう 4①

名まえ

かん字の たしざんを しよう。

＊こたえの かん字で ことばを つくろう。

① 土 ＋ 龰 ＝ □ → □

② ⺊ ＋ 一 ＝ □ → □

③ ソ ＋ 弓 ＋ 丿 ＝ □ → □

④ 女 ＋ 未 ＝ □ → □

⑤ 一 ＋ ク ＝ □ → □

⑥ 七 ＋ 刀 ＝ □ → □

東書2年②

57

月　日

＋かん字 たしざん 12

かん字を つかおう 4②／えを 見て お話を 書こう

名まえ

かん字の たしざんを しよう。

①　一 ＋ 亅 ＋ ノ ＝ □ ↓↓↓↓ □

②　言 ＋ 五 ＋ 口 ＝ □ ↓↓↓↓ □

③　ム ＋ 口 ＝ □ ↓↓↓↓↓ □

④　糸 ＋ 𠆢 ＋ 云 ＝ □ ↓↓↓↓ □

⑤　广 ＋ ム ＝ □ ↓↓↓↓↓ □

⑥　冂 ＋ ⺍㐅 ＋ 一 ＝ □ ↓↓↓↓ □

＊こたえの かん字で ことばを つくろう。

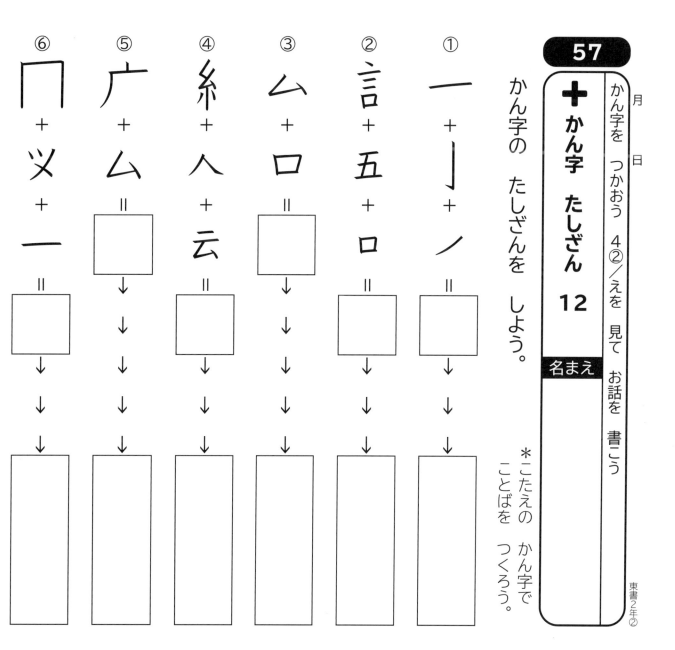

月　日

ビーバーの　大こう事

58

✚かん字　たしざん　13

名まえ

かん字の　たしざん を　しよう。

＊こたえの　かん字で　ことばを　つくろう。

① 一 ＋ 丨 ＋ 一 ＝ □

② 土 ＋ 匕 ＝ □

③ 斤 ＋ 辶 ＝ □

④ 弓 ＋ 丨 ＝ □

⑤ 彳 ＋ 幺 ＋ 夂 ＝ □

⑥ 开 ＋ 彡 ＝ □

⑦ 冂 ＋ 人 ＝ □

東書2年②

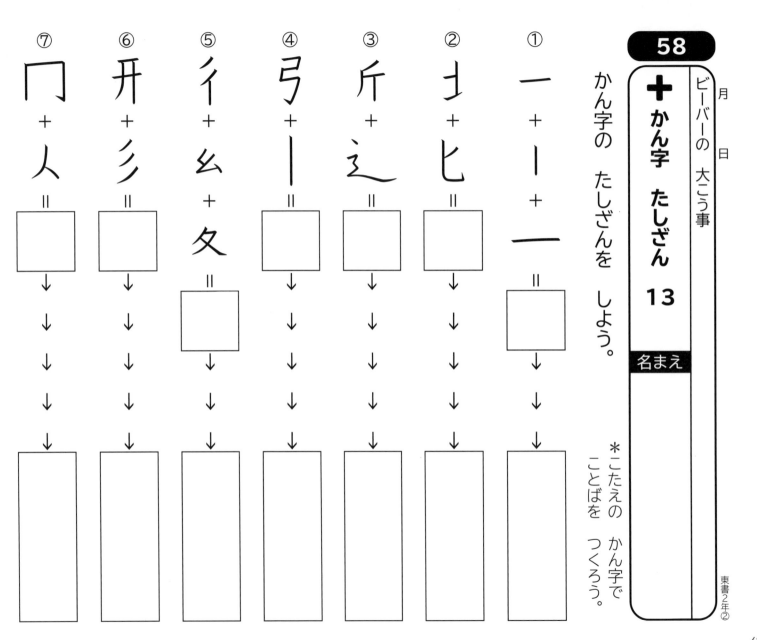

月　日

＋かん字　たしざん　14

「どうぶつカード」を　作ろう／主語と　じゅつ語

名まえ

かん字の　たしざんを　しよう。

＊こたえの　かん字で　ことばを　つくろう。

① 氵＋𠂉＋母＝□

② 立＋木＋斤＝□

③ 弓＋厶＋虫＝□

④ 口＋自＋罒＝□

⑤ 雨＋二＋厶＝□

⑥ 日＋圭＋月＝□

⑦ 舟＋八＋口＝□

東書2年②

月　日

町で　見つけた　ことを　話そう／かたかなを　つかおう　1

＋かん字　たしざん　15

名まえ

かん字の　たしざんを　しよう。

＊こたえの　かん字で
ことばを　つくろう。

① 广＋ト＋口＝□→→→→→□

② 夂＋ミ＝□→→→→→□

③ ＋＋早＋月＝□→→→→□

④ 冂＋吉＋辶＝□→→→→□

⑤ 亠＋巾＝□→→→→→□

⑥ 艹＋八＋木＝□→→→→□

⑦ 三＋人＋日＝□→→→→□

⑧ 𠂊＋用＝□→→→→→□

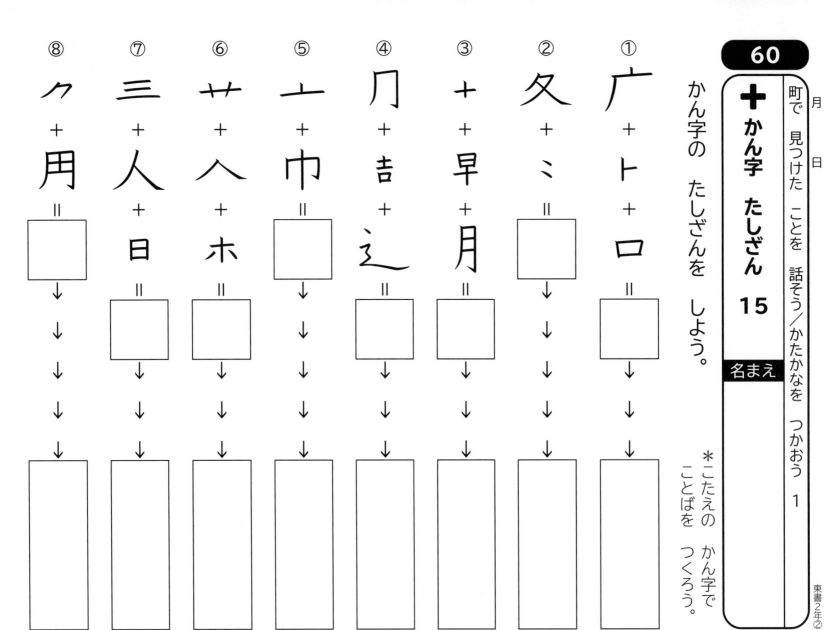

61

月　日

なかまに　なる　ことば①

＋かん字　たしざん　16

名まえ

かん字の　たしざん　を　しよう。

① 一 ＋ 自 ＋ 夂 ＝ □ ↓ ↓ ↓ ↓ □

② 禾 ＋ 火 ＝ □ ↓ ↓ ↓ ↓ □

③ 一 ＋ 曰 ＋ 人 ＝ □ ↓ ↓ ↓ □

④ 十 ＋ 冂 ＋ 羊 ＝ □ ↓ ↓ ↓ □

⑤ 一冂 ＋ 儿 ＋ 一 ＝ □ ↓ ↓ ↓ □

⑥ 八 ＋ 乂 ＝ □ ↓ ↓ ↓ ↓ □

⑦ 口 ＋ 冫 ＋ 一 ＝ □ ↓ ↓ ↓ □

＊こたえの　かん字で　ことばを　つくろう。

東書2年②

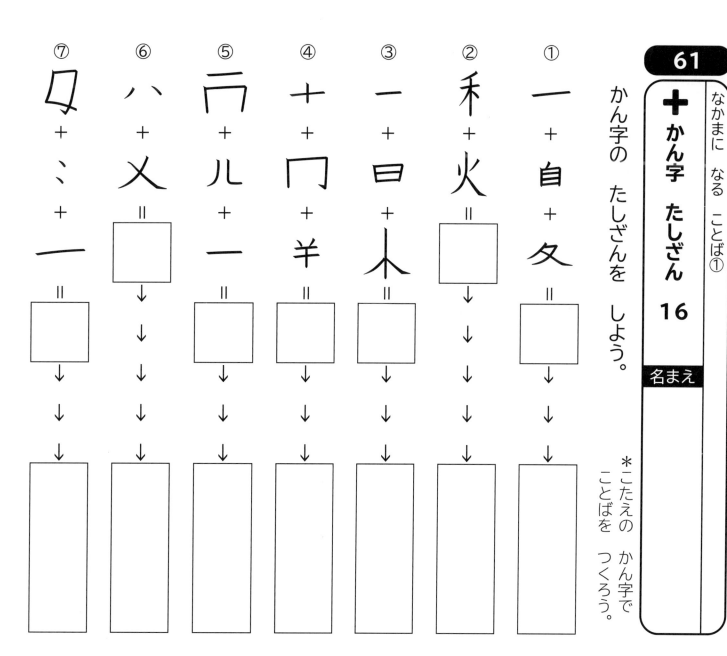

月　日

62

なかまに　なる　ことば②～かさこじぞう①

＋かん字　たしざん　17

名まえ

かん字の　たしざん を　しよう。

＊こたえの　かん字で
ことばを　つくろう。

① 口＋儿＝□→→→→→□

② 女＋亠＋巾＝□→→→→□

③ 尸＋日＋一＝□→→→→□

④ 糸＋氏＝□→→→→→□

⑤ 宀＋云＋土＝□→→→→□

⑥ 士＋冖＋儿＝□→→→→□

⑦ 罒＋目＋八＝□→→→→□

⑧ 首＋辶＝□→→→→→□

東書2年②

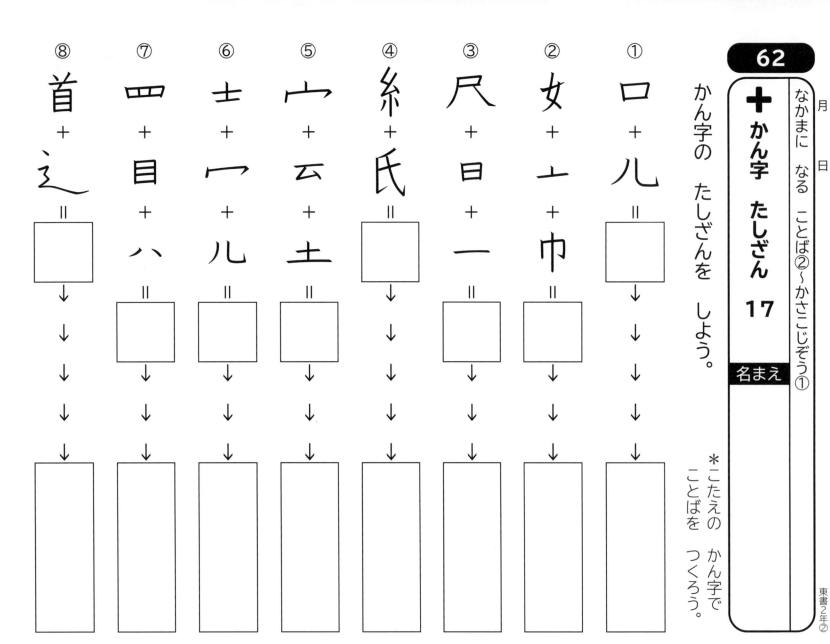

63

かさこじぞう②／かん字を　つかおう　5

月　日

＋かん字　たしざん　18

名まえ

かん字の　たしざんを　しよう。

＊こたえの　かん字で
ことばを　つくろう。

① ⺌ ＋ 十 ＋ 八 ＝ □ → → → → → □

② 可 ＋ 可 ＋ 欠 ＝ □ → → → → → □

③ 一 ＋ 尸 ＝ □ → → → → → □

④ 日 ＋ ヨヨ ＋ 隹 ＝ □ → → → → → □

⑤ 𠂉 ＋ 十 ＝ □ → → → → → □

⑥ 八 ＋ 入 ＋ ロ ＝ □ → → → → → □

⑦ 山 ＋ 石 ＝ □ → → → → → □

⑧ 氵 ＋ 也 ＝ □ → → → → → □

東書2年②

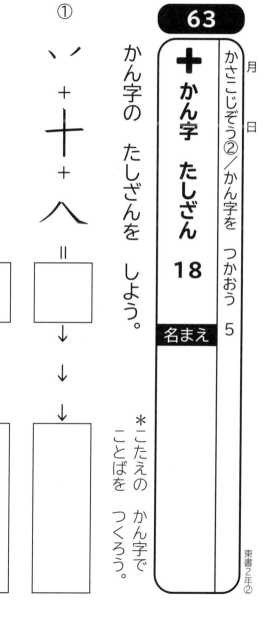

月　日

みんなで　話しあおう／ニャーゴ①

たりないのは　どこ（かたちを　よく見て）13

名まえ

たりない　ところを　見つけて、正しく　かこう。

①　合《あ》う

②　楽《たの》しい

③　雪《ゆき》だるま

④　知《し》らん顔《かお》

⑤　食《た》べもの

⑥　山《やま》歩《ある》き

ニャーゴ②／かん字を　つかおう　4①

月　日

☆たりないのは　どこ（かたちを　よく見て）14

名まえ

たりない　ところを　見つけて、正しく　かこう。

①　走《はし》る

②　立《た》ち止《ど》まる

③　弟《おとうと》の木《ほん》

④　ハ《ちい》さい妹《いもうと》

⑤　一《いち》万《まん》円《えん》

⑥　人《たい》切《せつ》

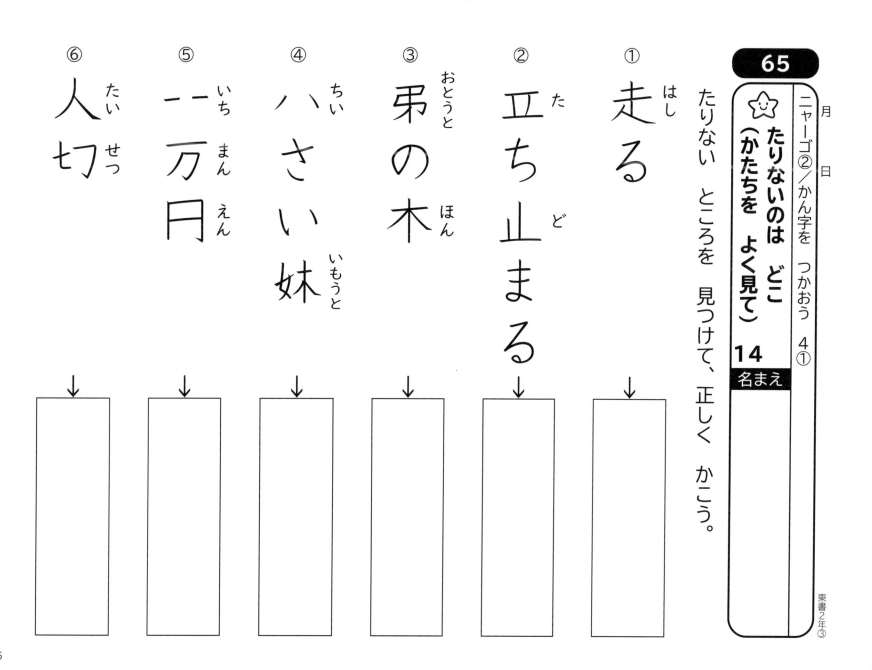

66

月　日

かん字を　つかおう　4②／えを　見て　お話を　書こう

☆たりないのは　どこ（かたちを　よく見て）15

名まえ

たりない　ところを　見つけて、正しく　かこう。

①
才《さい》のう
↓

②
えい語《ご》
↓

③
すべり台《だい》
↓

④
絵《え》本《ほん》
↓

⑤
広《ひろ》い
↓

⑥
図《ず》こう
↓

東書2年③

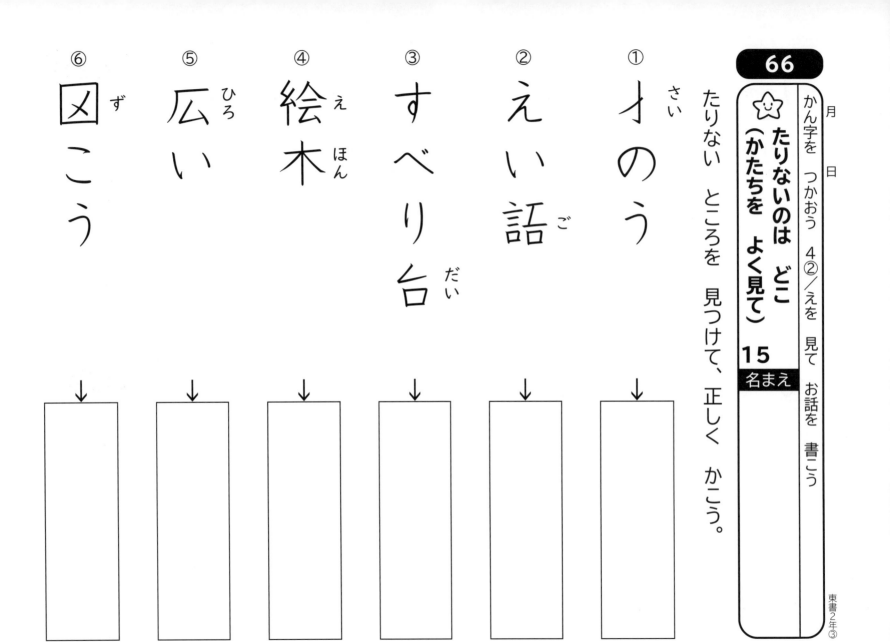

月　日

ビーバーの　大こう事①

たりないのは　どこ（かたちを　よく見て）

16

名まえ

たりない　ところを　見つけて、正しく　かこう。

①　二《こう》さく

↓

②　北《きた》風《かぜ》

↓

③　近《ちか》い

↓

④　つな引《ひ》き

↓

⑤　後《うし》ろむき

↓

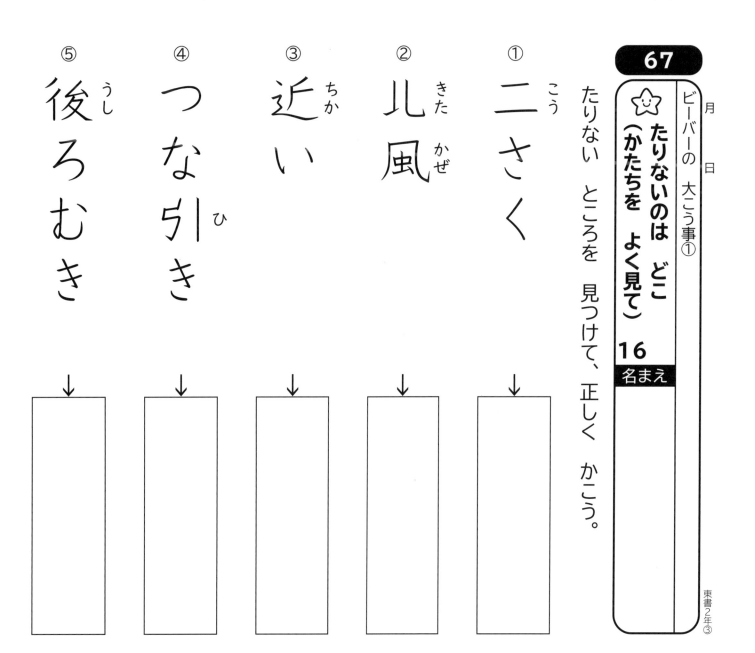

月　日

ビーバーの　大工事②／「どうぶつカード」を　作ろう

たりないのは　どこ（かたちを　よく見て）17

名まえ

たりない　ところを　見つけて、正しく　かこう。

① 丸《まる》い形《かたち》

② 内《うち》がわ

③ 海《うみ》の口《ひ》

④ 新《あたら》しい

⑤ 刀《ちから》強《づよ》い

東書2年③

たりないのは　どこ（かたちを　よく見て）　18

名まえ

たりない　ところを　見つけて、正しく　かこう。

① 鳴《な》る
↓

② 日《しろ》い雲《くも》
↓

③ 晴《は》れ
↓

④ 人《おお》きな船《ふね》
↓

⑤ 店《みせ》ばん
↓

⑥ 冬《ふゆ》什《やす》み
↓

70

月　日

町で　見つけた　ことを　話そう②／かたかなを　つかおう　1

たりないのは　どこ（かたちを　よく見て）19

名まえ

たりない　ところを　見つけて、正しく　かこう。

① 朝《あさ》口《ひ》

② 先《せん》迴《しゅう》

③ 市《いち》場《ば》

④ 苶《ちゃ》色《いろ》

⑤ 春《はる》什《やす》み

⑥ 四《し》角《かく》

月　日

なかまに　なる　ことば①

71

たりないのは　どこ（かたちを　よく見て）

20

名まえ

たりない　ところを　見つけて、正しく　かこう。

① 夏《なつ》休《やす》み
↓

② 秋《あき》空《ぞら》
↓

③ 東《ひがし》の空《そら》
↓

④ 南《みなみ》口《ぐち》
↓

⑤ 西《にし》日《び》
↓

⑥ 父《ちち》の日《ひ》
↓

東書2年③

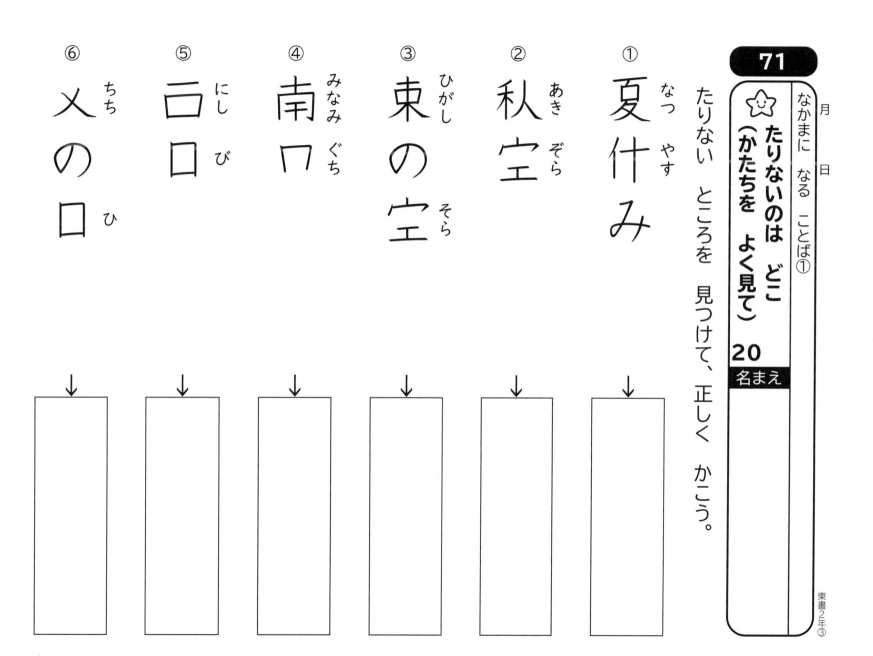

月　日

なかまに なる ことば②／「ありがとう」を つたえよう

たりないのは どこ（かたちを よく見て）

21

名まえ

たりない ところを 見つけて、正しく かこう。

① 母《はは》の口《ひ》 ↓

② 兄《あに》のへや ↓

③ 姉《あね》のくつ ↓

④ 昼《ひる》休《やす》み ↓

⑤ 手《て》紙《がみ》 ↓

⑥ 教《きょう》室《しつ》 ↓

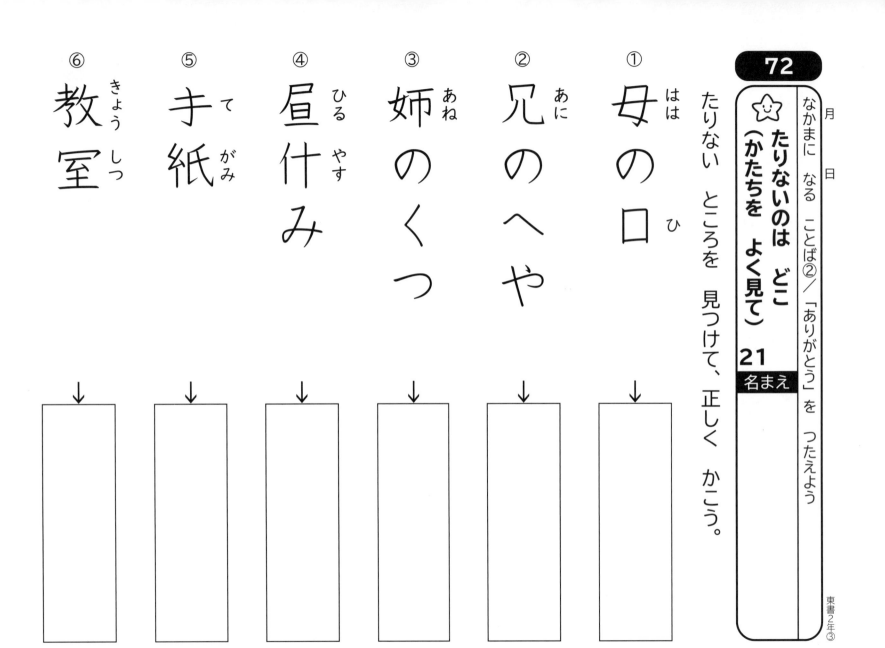

月　日

かさこじぞう

たりないのは　どこ（かたちを　よく見て）22

名まえ

たりない　ところを　見つけて、正しく　かこう。

① やす売《う》り　↓

② 買《か》いもの　↓

③ まわり道《みち》　↓

④ 米《こめ》だわら　↓

⑤ 歌《うた》声《ごえ》　↓

⑥ 雨《あま》戸《ど》　↓

東書2年③

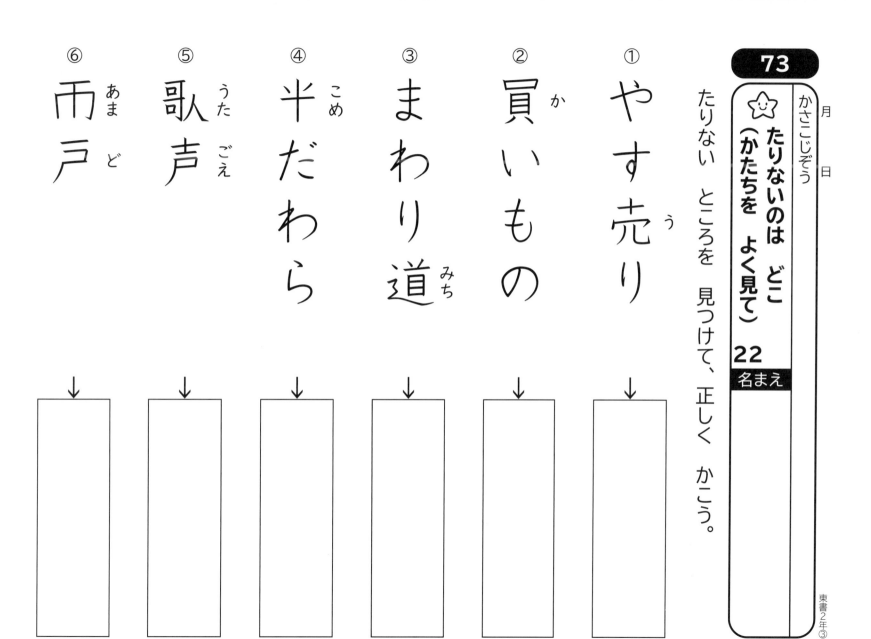

月　日

かん字を　つかおう　5

たりないのは　どこ（かたちを　よく見て）

23

名まえ

たりない　ところを　見つけて、正しく　かこう。

① 曜《よう》口《び》

② 干《ご》後《ご》

③ 谷《たに》川《がわ》

④ 岩《いわ》山《やま》

⑤ ため池《いけ》

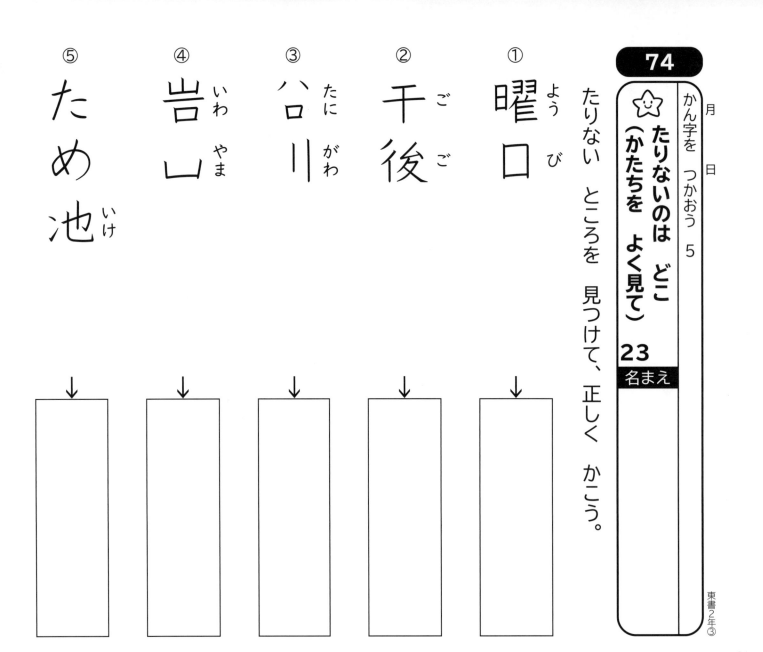

月　日

かん字を　入れよう　11

みんなで　話しあおう／ニャーゴ①

名まえ

文を　よんで、ぴったりの　かん字を　入れよう。

①このくつは、足にぴったり［　　］っている。

②きのうのえんそくは、とても［　　］しかった。

③あさおきると、まっ白な［　　］がつもっていた。

④はをみがいたあと、つめたい水で［　　］をあらう。

⑤きゅうしょくは、まい日のこさずに［　　］べる。

⑥ろうかは、走らないで［　　］きましょう。

ヒント　雪　食　歩　楽　合　顔

東書2年④

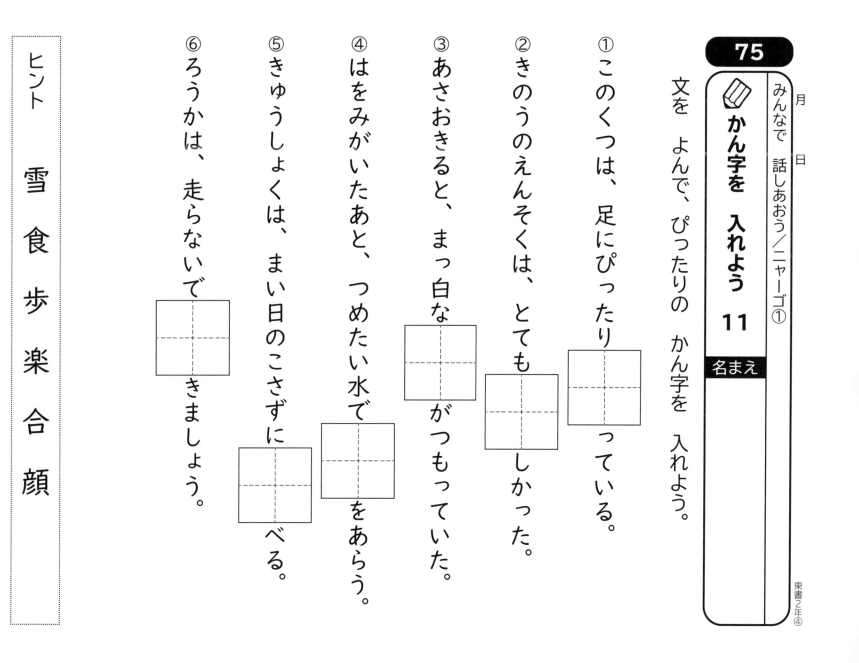

月　日

かん字を　入れよう　12

ニャーゴ②／かん字を　つかおう　4①

名まえ

文を　よんで、ぴったりの　かん字を　入れよう。

①チーターは、□るのがとてもはやい。

②きゅうブレーキをかけて、車が□まった。

③わたしの下には、いもうとと□がいる。

④ぼくの下には、おとうとと□がいる。

⑤一□円さつを出して、おつりをもらった。

⑥このおもちゃは、大□なたからものです。

ヒント　万　弟　切　止　妹　走

77

かん字を　入れよう　13

かん字を　つかおう　4②／えを　見て　お話を　書こう

月　日

名まえ

文を　よんで、ぴったりの　かん字を　入れよう。

① あの人は、コンピューターゲームの天□です。

② 二時間目は、国□のべんきょうでした。

③ こう園のすべり□であそびました。

④ えんそくの思い出の□をかいた。

⑤ このスーパーは、□くてしなものが多い。

⑥ 三、四時間目は、□こうの時間です。

ヒント　語　図　才　絵　広　台

月　日

ビーバーの　大こう事

かん字を　入れよう　14

名まえ

文を　よんで、ぴったりの　かん字を　入れよう。

①学校の前は、どうろ□じで車がとおれない。

②雪がふり、つめたい□風もふいてきた。

③わたしの家の□くに、こう園がある。

④うんどうじょうに、白い線を□いた。

⑤足音がしたので、□ろをふりむいた。

⑥ねん土を、丸い□にととのえる。

⑦あなのあいた、はこの□がわをのぞいて見た。

ヒント

近　北　内　後　工　引　形

月　日

かん字を　入れよう　15

名まえ

文を　よんで、ぴったりの　かん字を　入れよう。

①なつ休みに、□でおよぎました。

②二年生になって、□しい友だちができた。

③ゴリラは、力が□いどうぶつです。

④「キンコンカン」とチャイムが□りました。

⑤青い空に、白い□がうかんでいる。

⑥あしたの天気は、きっと□れるでしょう。

⑦このみなとから、□でしまにわたる。

ヒント　雲　晴　強　船　海　新　鳴

80

月　日

町で 見つけた ことを 話そう／かたかなを つかおう 1①

かん字を 入れよう 16

名まえ

文を よんで、ぴったりの かん字を 入れよう。

①おかしのお□で、えんそくのおやつをかった。

②二学きがおわって、あしたから□休みです。

③えんそくの日に□早く目がさめた。

④こん□の金よう日は、えんそくです。

⑤町の□場で、くだものをかう。

⑥ごはんをお□わんに山もりに入れる。

⑦きせつが□になると、さくらの花がさく。

ヒント　茶　冬　週　市　春　店　朝

東書2年④

かん字を 入れよう 17

かたかなを つかおう 1②／なかまに なる ことば①

月　日

名まえ

文を よんで、ぴったりの かん字を 入れよう。

①おりがみを三□に おって、つるを作る。

②八月は、□休みでお休みです。

③コスモスやききょうは□にさく花です。

④しんかん線から□きょうタワーが見えた。

⑤このへやは、□むきで、とても明るい。

⑥夕日が、□の山にしずんでいく。

⑦おとうさんに、□の日のプレゼントをわたす。

ヒント　角　父　東　秋　西　夏　南

東書2年④

月　日

なかまに　なる　ことば②／「ありがとう」を　つたえよう

かん字を　入れよう　18

名まえ

文を　よんで、ぴったりの　かん字を　入れよう。

①おかあさんに、（　　）の日のプレゼントをわたす。

②わたしの上には、あねと（　　）がいる。

③わたしと四年生の（　　）は、女どうしで気が合う。

④早おきして、ねむかったので（　　）ねをした。

⑤おり（　　）で、千ばづるをおりました。

⑥二年一くみの教（　　）は二かいです。

ヒント　兄　紙　室　姉　母　昼

東書2年④

かん字を 入れよう 19

かさこじぞう

月 日

名まえ

文を よんで、ぴったりの かん字を 入れよう。

①新しいゲームソフトは□り切れました。

②お母さんと、スーパーへ□いものに行った。

③この□をまっすぐ行くと、こう園です。

④田んぼでいねをそだてて、□を作る。

⑤音楽室から、きれいな□声が聞こえる。

⑥ドアにかぎをかけて、□じまりをする。

ヒント

戸 米 歌 買 売 道

かん字を　つかおう　5

月　　日

かん字を　入れよう　20

名まえ

東書2年④

文を　よんで、ぴったりの　かん字を　入れよう。

①いつも、水□日は、スイミングに行きます。

②お昼の十二時を、正□という。

③山と山の間の□に、川がながれている。

④山の上から大きな□がおちてきた。

⑤まるい□のまん中で、さかながはねた。

ヒント

岩　曜　谷　午　池

3

学期

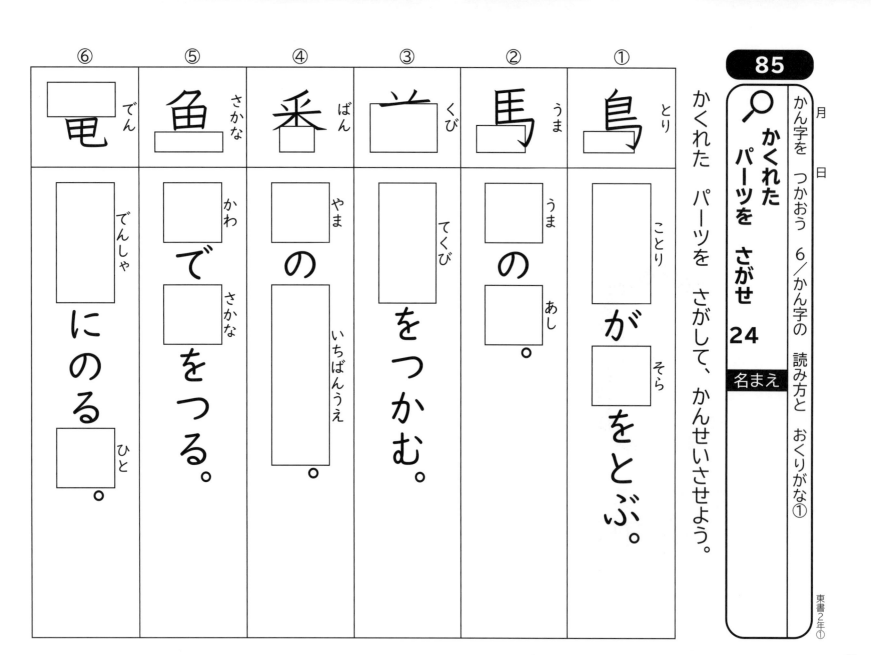

85

かくれた パーツを さがせ 24

かん字を つかおう ６／かん字の 読み方と おくりがな①

月　日

名まえ

かくれた パーツを さがして、かんせいさせよう。

①	②	③	④	⑤	⑥
□《とり》	□《うま》	□《くび》	□《ばん》	□《さかな》	□《でん》
□《ことり》が□《そら》をとぶ。	□《うま》の□《あし》。	□《てくび》をつかむ。	□《やま》の□《いちばんうえ》。	□《かわ》で□《さかな》をつる。	□《でんしゃ》にのる□《ひと》。

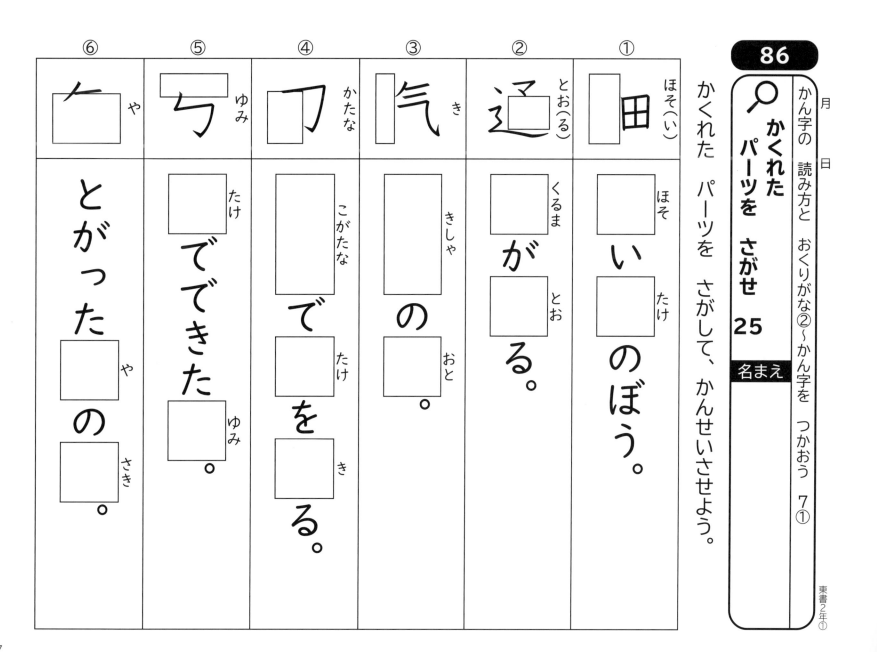

月　日

86

かくれた パーツを さがせ 25

かん字の 読み方と おくりがな②～かん字を つかおう 7①

名まえ

かくれた パーツを さがして、かんせいさせよう。

① ほそ(い)　□田

□《ほそ》い□《たけ》のぼう。

② とお(る)　□

□《くるま》が□《とお》る。

③ き　□

□《きしゃ》の□《おと》。

④ かたな　□

□《こがたな》で□《たけ》を□《き》る。

⑤ ゆみ　□

□《たけ》でできた□《ゆみ》。

⑥ や　□

とがった□《や》の□《さき》。

東書2年①

かくれた パーツを さがせ 26

かん字を つかおう 7②／はんたいの いみの ことば①

月　日

名まえ

かくれた パーツを さがして、かんせいさせよう。

①  ちょく

□《にっちょく》の□《ひと》。

② 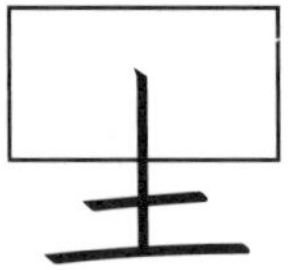 さと

□《やまざと》の□《こ》や。

③  てら

□《やまでら》にすむ。

④  くろ

□《くろ》の□《いし》をさがす。

⑤  よわ(る)

□《あめ》で□《むし》が□《よわ》る。

⑥  とお(い)

□《がっこう》まで□《とお》い。

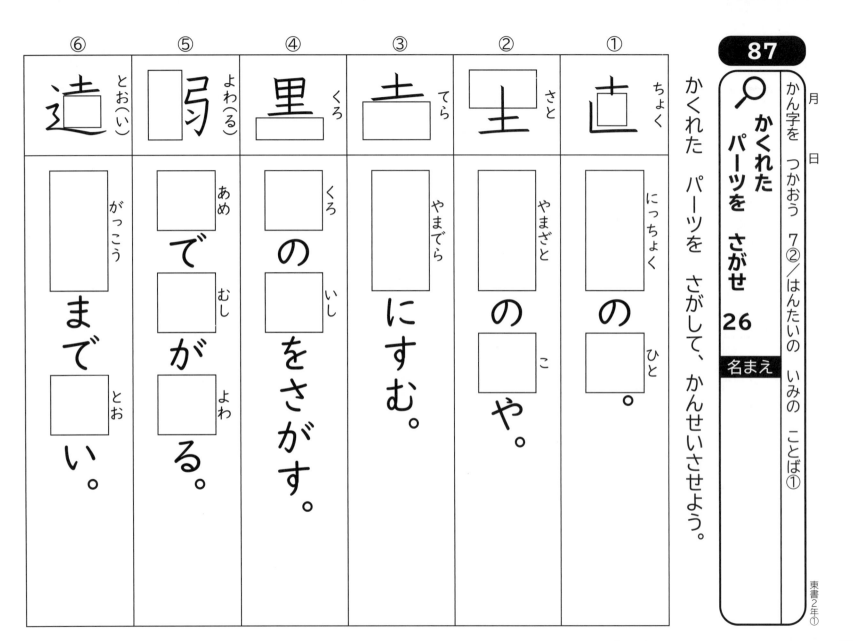

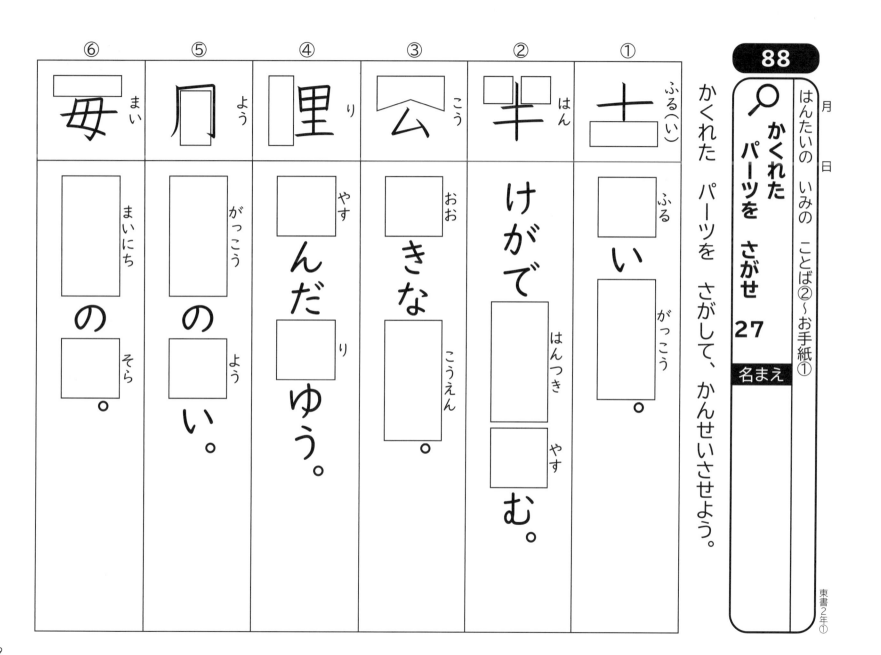

かくれた パーツを さがせ 27

名まえ

はんたいの いみの ことば②～お手紙①

月 日

かくれた パーツを さがして、かんせいさせよう。

① ふる(い)

□《ふる》い□《がっこう》。

② はん

けがで□《はんつき》□《やす》む。

③ こう

□《おお》きな□《こうえん》。

④ り

□《やす》んだ□《り》ゆう。

⑤ よう

□《がっこう》の□《よう》い。

⑥ まい

□《まいにち》の□《そら》。

月　日

お手紙②／かん字を　つかおう　8／にた　いみの　ことば

89

かくれた　パーツを　さがせ　28

名まえ

かくれた　パーツを　さがして、かんせいさせよう。

①	②	③	④	⑤	⑥
□帚《かえ(る)》	羽□《はね》	□京《きょう》	麦□《むぎ》	□交《こう》	□生《ほし》
□《がっこう》から□《かえ》る。	□《むし》がとぶ□《はね》の□《おと》。	□《しちがつ》に□《じょうきょう》する。	□《こむぎ》こをこねる。	□《おとこ》と□《おんな》が□《こう》たい。	□《ほし》のきれいな□《そら》。

東書2年①

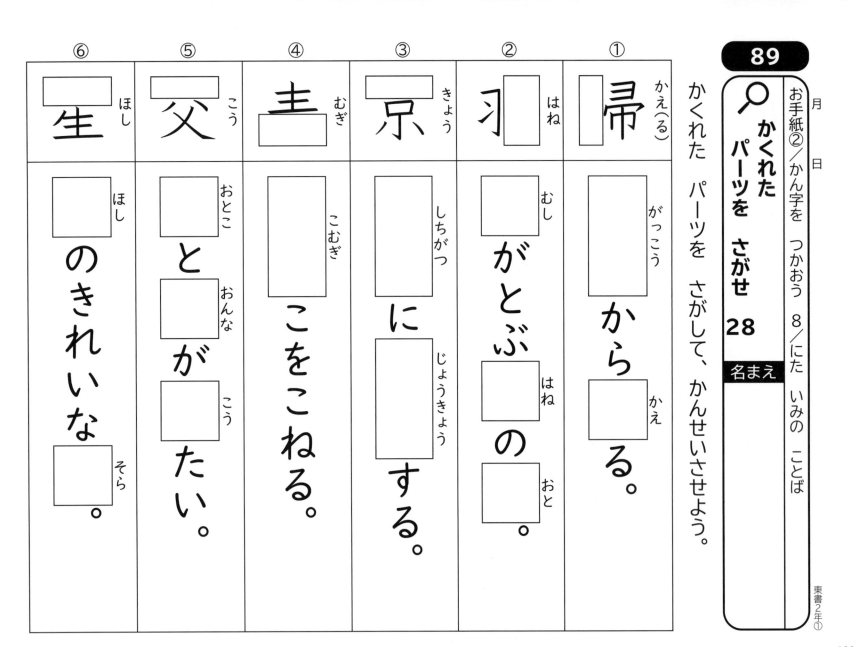

十かん字 たしざん 19

かん字を つかおう 6～あなの やくわり

月 日

名まえ

かん字の たしざんを しよう。

①
自＋フ＋灬＝□→→→→□

②
耳＋フ＋灬＝□→→→→□

③
业＋自＝□→→→→□

④
ノ＋米＋田＝□→→→→□

⑤
ク＋田＋灬＝□→→→→□

⑥
雨＋日＋し＝□→→→→□

⑦
糸＋田＝□→→→→□

⑧
マ＋用＋辶＝□→→→→□

＊こたえの かん字で ことばを つくろう。

東書2年②

月　日

91

＋かん字 たしざん 20

かん字を　つかおう　7

名まえ

かん字の　たしざんを　しよう。

① 氵 ＋ ⺈ ＋ ⺄ ＝ □ ↓ ↓ ↓ ↓ □

② フ ＋ ノ ＝ □ ↓ ↓ ↓ ↓ ↓ □

③ コ ＋ ㇉ ＝ □ ↓ ↓ ↓ ↓ ↓ □

④ 𠂉 ＋ 大 ＝ □ ↓ ↓ ↓ ↓ ↓ □

⑤ 十 ＋ 目 ＋ L ＝ □ ↓ ↓ ↓ ↓ □

⑥ 日 ＋ 土 ＝ □ ↓ ↓ ↓ ↓ ↓ □

⑦ 土 ＋ 寸 ＝ □ ↓ ↓ ↓ ↓ ↓ □

⑧ 里 ＋ 灬 ＝ □ ↓ ↓ ↓ ↓ ↓ □

＊こたえの　かん字で　ことばを　つくろう。

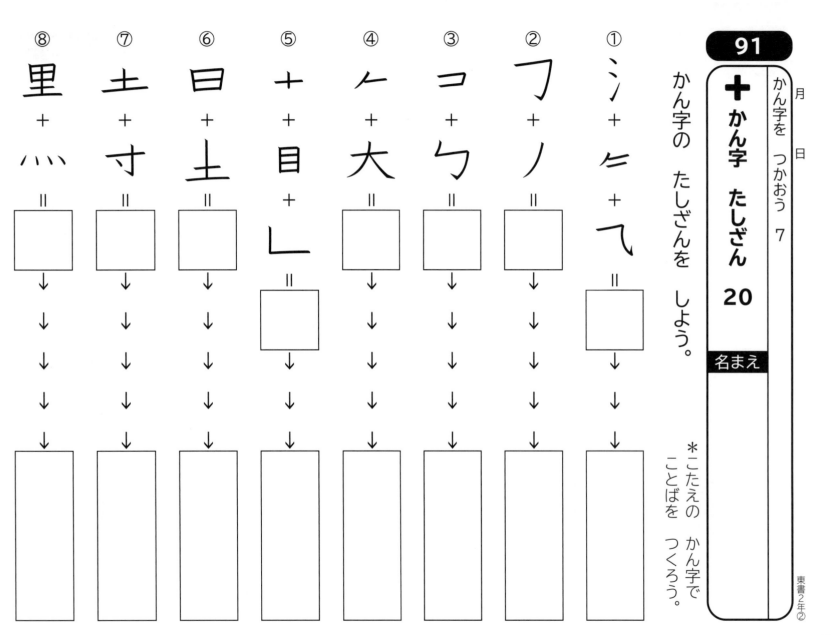

＋かん字 たしざん 21

はんたいの いみの ことば～声に 出して みよう

月　日

名まえ

かん字の たしざんを しよう。

＊こたえの かん字で ことばを つくろう。

① 弓＋弓＝□ ↓↓↓↓↓ □

② 吉＋𧘇＋⻌＝□ ↓↓↓↓ □

③ 十＋口＝□ ↓↓↓↓↓ □

④ 丷＋二＋｜＝□ ↓↓↓↓ □

⑤ 八＋厶＝□ ↓↓↓↓↓ □

⑥ 王＋日＋土＝□ ↓↓↓↓ □

⑦ 月＋｜＝□ ↓↓↓↓↓ □

東書2年②

93

月　日

お手紙／かん字を　つかおう　8／にた　いみの　ことば

＋かん字　たしざん　22

名まえ

かん字の　たしざんを　しよう。

＊こたえの　かん字で　ことばを　つくろう。

① 𠂉 ＋ 毋 ＋ 一 ＝ □ ↓↓↓↓↓ □

② リ ＋ ヨ ＋ 巾 ＝ □ ↓↓↓↓↓ □

③ 习 ＋ 习 ＝ □ ↓↓↓↓↓ □

④ 亠 ＋ 口 ＋ 小 ＝ □ ↓↓↓↓↓ □

⑤ 龶 ＋ 夂 ＝ □ ↓↓↓↓↓ □

⑥ 亠 ＋ 父 ＝ □ ↓↓↓↓↓ □

⑦ 日 ＋ 生 ＝ □ ↓↓↓↓↓ □

東書2年②

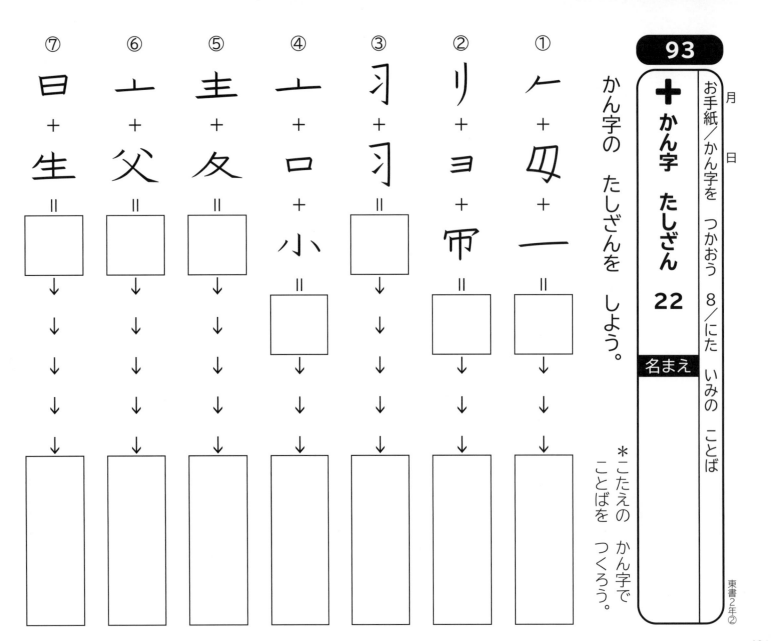

月　日

ふくしゅうもんだい

✚かん字　たしざん　23

名まえ

かん字の　たしざんを　しよう。

＊こたえの　かん字で
ことばを　つくろう。

① 丶＋言＋士＋冖＝□↓↓↓↓↓□

② ⺕＋上＋日＝□↓↓↓↓↓□

③ 亠＋二＋口＝□↓↓↓↓↓□

④ 言＋千＋口＝□↓↓↓↓↓□

⑤ 門＋耳＝□↓↓↓↓↓□

⑥ 亻＋乍＝□↓↓↓↓↓□

東書2年②

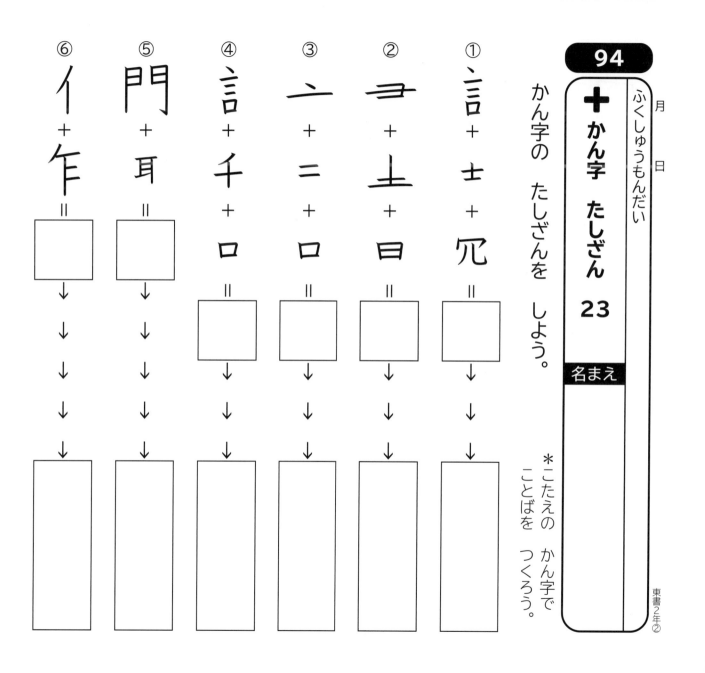

月　日

かん字を つかおう 6／かん字の 読み方と おくりがな①

95

☆ たりないのは どこ
（かたちを よく見て）24

名まえ

たりない ところを 見つけて、正しく かこう。

① 八《こ》鳥《とり》

② 竹《たけ》馬《うま》

③ 手《て》首《くび》

④ るす番《ばん》

⑤ 魚《さかな》つり

⑥ 電《でん》車《しゃ》

東書2年③

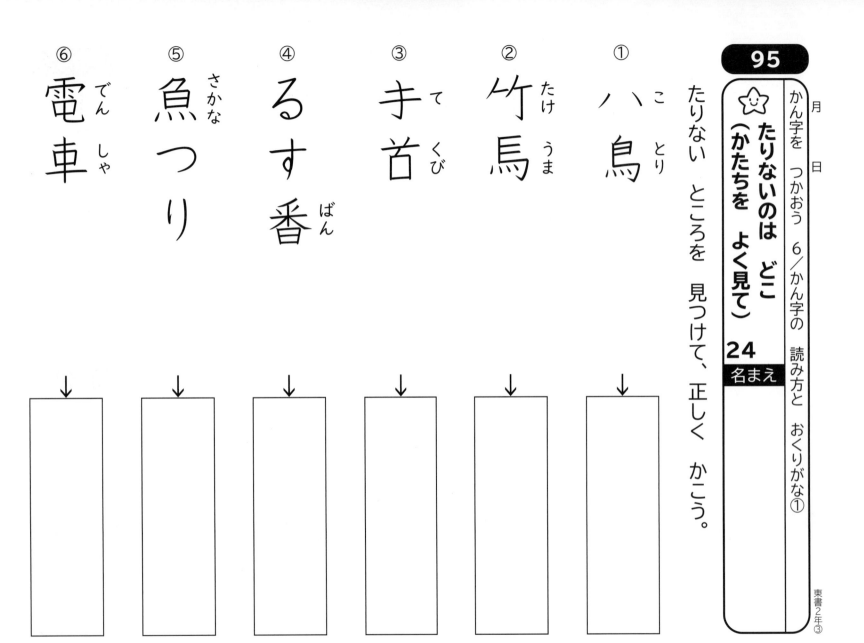

☆ たりないのは　どこ（かたちを　よく見て）

25

名まえ

たりない　ところを　見つけて、正しく　かこう。

① 細《ほそ》い
↓ □

② 人《おお》通《どお》り
↓ □

③ 汽《き》車《しゃ》
↓ □

④ ハ《こ》フ《がたな》
↓ □

⑤ 弓《ゆみ》矢《や》
↓ □

⑥ 矢《や》じるし
↓ □

97

かん字を　つかおう　7②／はんたいの　いみの　ことば①

たりないのは　どこ（かたちを　よく見て）26

名まえ

たりない　ところを　見つけて、正しく　かこう。

① 口《にっ》直《ちょく》

② 里《さと》いも

③ 山《やま》寺《でら》

④ 黒《くろ》色《いろ》

⑤ 弱《よわ》る

⑥ 遠《とお》い

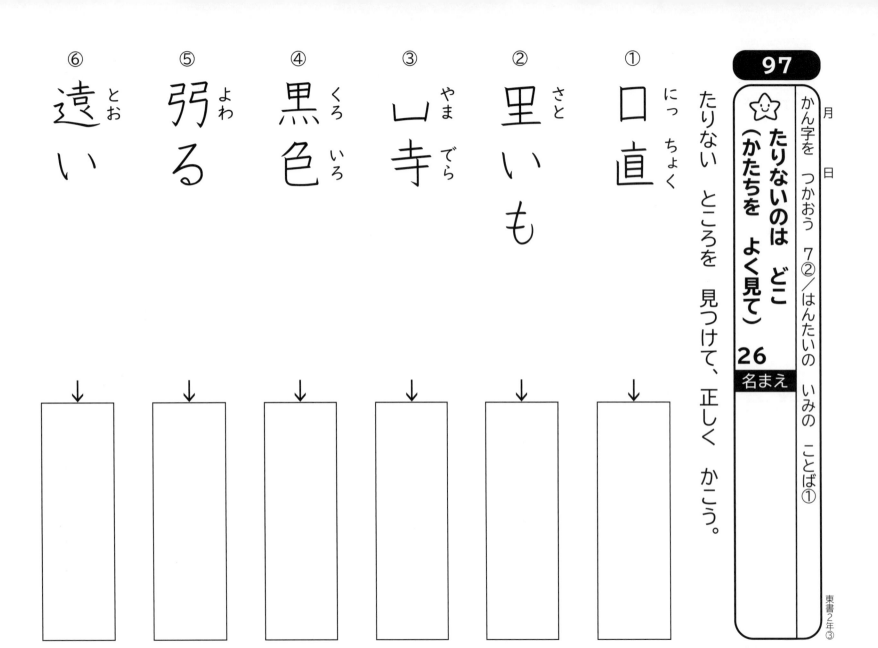

はんたいの いみの ことば②～お手紙①

月 日

たりないのは どこ（かたちを よく見て）

27

名まえ

たりない ところを 見つけて、正しく かこう。

① 古《ふる》い木《ほん》

② 半《はん》兮《ぶん》

③ 公《こう》園《えん》

④ 埋《り》科《か》

⑤ す《こ》ども月《よう》

⑥ 毎《まい》口《にち》

東書2年③

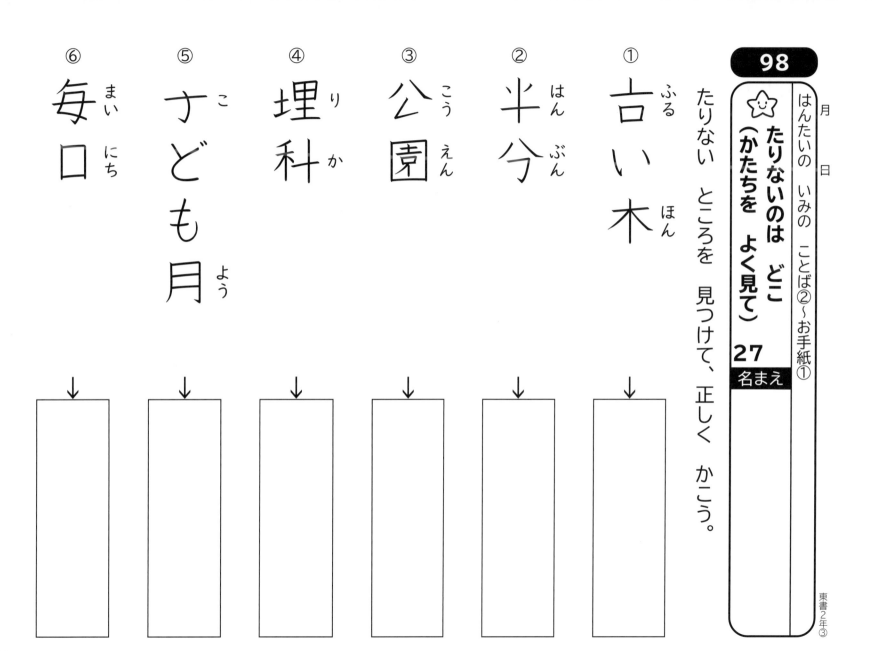

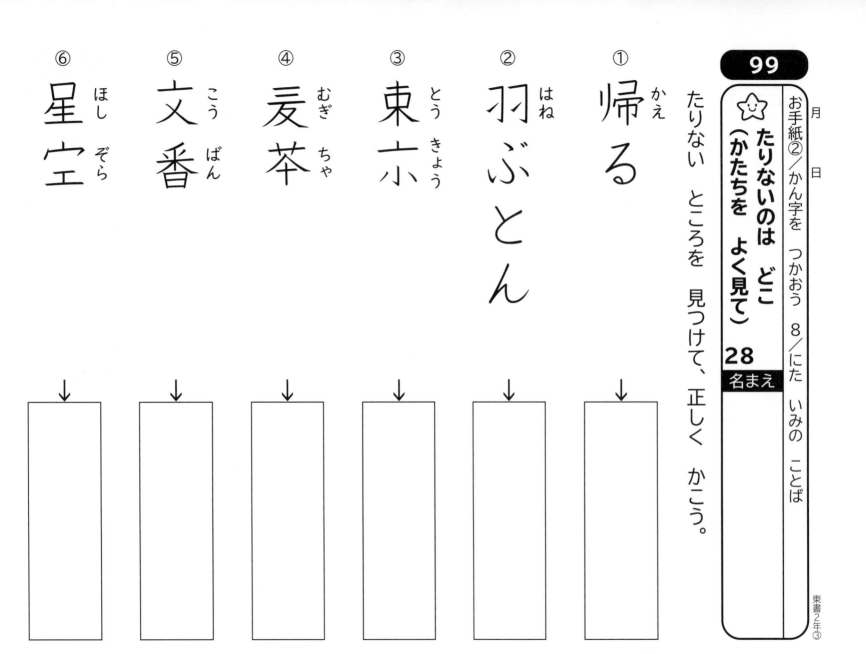

月　日

お手紙②／かん字を　つかおう　8／にた　いみの　ことば

99

たりないのは　どこ（かたちを　よく見て）

28

名まえ

たりない　ところを　見つけて、正しく　かこう。

① 帰《かえ》る

② 羽《はね》ぶとん

③ 東《とう》京《きょう》

④ 麦《むぎ》茶《ちゃ》

⑤ 文《こう》番《ばん》

⑥ 星《ほし》空《ぞら》

東書2年③

月　日

かん字を　つかおう　6／かん字の　読み方と　おくりがな

100

かん字を　入れよう　21

名まえ

文を　よんで、ぴったりの　かん字を　入れよう。

① 木の上で、□が「ピーピー」と鳴いている。

② たてがみをなびかせて、□が走っている。

③ キリンは、□が長くて、せが高い。

④ きゅうしょく当□で、パンをくばる。

⑤ お父さんと□つりに行きました。

⑥ くらくなったので、へやの□気をつけた。

⑦ ゴボウは□くて、長いやさいです。

ヒント　番　魚　首　鳥　細　馬　電

東書2年④

かん字を 入れよう 22

名まえ

あなの やくわり／かん字を つかおう 7①

月　日

文を よんで、ぴったりの かん字を 入れよう。

①ようち園のよこを□って学校に行く。

②けむりをはきながら、□車が走っている。

③おさむらいさんが、こしに□をさしている。

④まとをねらって、思い切り□を引いた。

⑤まとのまん中に□がささっている。

⑥こくばんに、日□の人の名前を書く。

ヒント　刀　矢　汽　直　弓　通

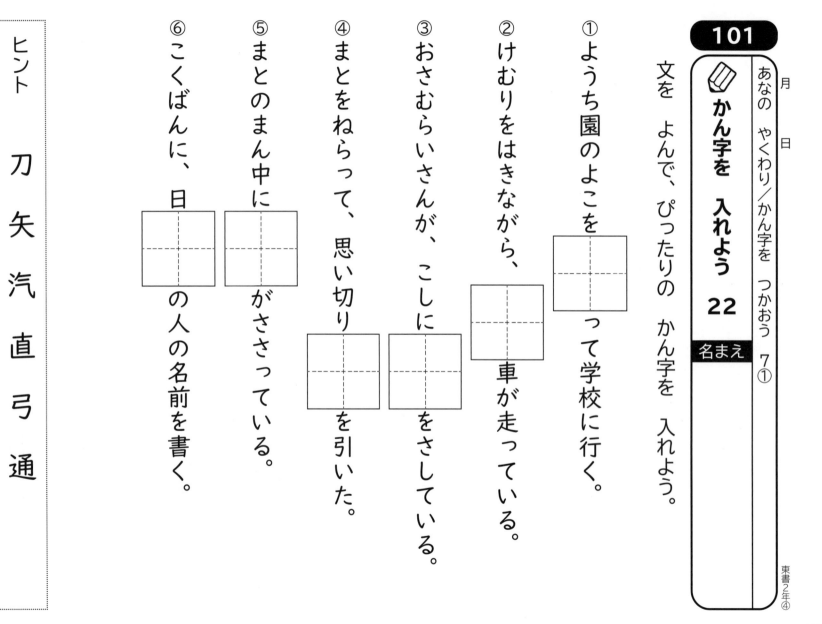

月　日

かん字を　入れよう　23

かん字を　つかおう　7②／はんたいの　いみの　ことば①

名まえ

文を　よんで、ぴったりの　かん字を　入れよう。

①たぬきの親子が、山□でくらしていました。

②山のお□のかねが、「ゴーン」と鳴った。

③たこやいかは、まっ□な、すみをはく。

④うんどうをしないと、体が□ってしまう。

⑤学校まで□いので、三十分かかる。

⑥おじいさんの□い時計は、うごかない。

ヒント　黒　遠　里　寺　古　弱

月　日

103

はんたいの　いみの　ことば②～お手紙

かん字を　入れよう 24

名まえ

文を　よんで、ぴったりの　かん字を　入れよう。

①ほうちょうで、リンゴを□分に切った。

②家の近くの□園で、おにごっこをした。

③三年生から□科のべんきょうがはじまる。

④クレヨンで、画□紙に、絵をかいた。

⑤わたしは、□日、日記をつけています。

⑥学校がおわって、家に□りました。

ヒント　半　理　公　帰　用　毎

104

月　日

かん字を　つかおう　8／にた　いみの　ことば

かん字を　入れよう　25

名まえ

文を　よんで、ぴったりの　かん字を　入れよう。

①くじゃくが、きれいな□を広げている。

②ならや□とには、お寺が多い。

③パンやパスタは、小□から作られます。

④見つかったので、おにを□たいしました。

⑤夜空に、明るい□が光っている。

ヒント

麦　交　京　星　羽

105

ふくしゅうもんだい

月　日

かん字を　入れよう　26

名まえ

文を　よんで、ぴったりの　かん字を　入れよう。

①新かん線から［　］京タワーが見えた。

②夕日が、［　］の山にしずんでいく。

③このへやは、［　］むきで、とても明るい。

④雪がふり、つめたい［　］風もふいてきた。

⑤一番［　］から、うしろにまわしてください。

⑥足音がしたので、［　］ろをふりむいた。

ヒント

前　西　南　後　北　東

答え

（解答例）

1

1 かぜの ゆうびんやさん①　月　日

かくれた パーツを さがせ 1　名まえ

かくれた パーツを さがして、かんせいさせよう。

① 風《かぜ》　はげしい雨《あめ》と風《かぜ》。

② 元《げん》　元気《げんき》な子《こ》ども。

③ 読《よ(む)》　本《ほん》を読《よ》む。

④ 言《い(う)》　名《な》まえを言《い》う。

⑤ 光《ひか(る)》　月《つき》が空《そら》で光《ひか》る。

東書2年①

2

2 風の ゆうびんやさん②／としょかんへ いこう　月　日

かくれた パーツを さがせ 2　名まえ

かくれた パーツを さがして、かんせいさせよう。

① 話《はな(す)》　話《はな》す人《ひと》を見《み》る。

② 丸《まる》　花丸《はなまる》をもらった。

③ 声《こえ》　大《おお》きな声《こえ》を出《だ》す。

④ 行《い(く)》　学校《がっこう》に行《い》く。

⑤ 分《わ(かる)》　名前《なまえ》が分《わ》かる。

⑥ 記《き》　日記《にっき》の文《ぶん》。

東書2年①

3

3 かん字の かきかた①　月　日

かくれた パーツを さがせ 3　名まえ

かくれた パーツを さがして、かんせいさせよう。

① 書《か(く)》　名《な》まえを書《か》く。

② 方《かた》　犬《いぬ》のかい方《かた》。

③ 作《つく(る)》　車《くるま》を作《つく》る。

④ 点《てん》　百点《ひゃくてん》でうれしい。

⑤ 線《せん》　線《せん》を百本《ひゃっぽん》ひく。

東書2年①

4

4 かんじの 書き方②／はたらく 人に 話を きこう　月　日

かくれた パーツを さがせ 4　名まえ

かくれた パーツを さがして、かんせいさせよう。

① 画《かく》　かん字《じ》の画数《かくすう》。

② 数《かず》　花《はな》びらの数《かず》。

③ 聞《き(く)》　雨《あめ》の音《おと》を聞《き》く。

④ 何《なに》　何《なに》が出《で》るかな。

⑤ 考《かんが(える)》　よく見《み》て考《かんが》える。

東書2年①

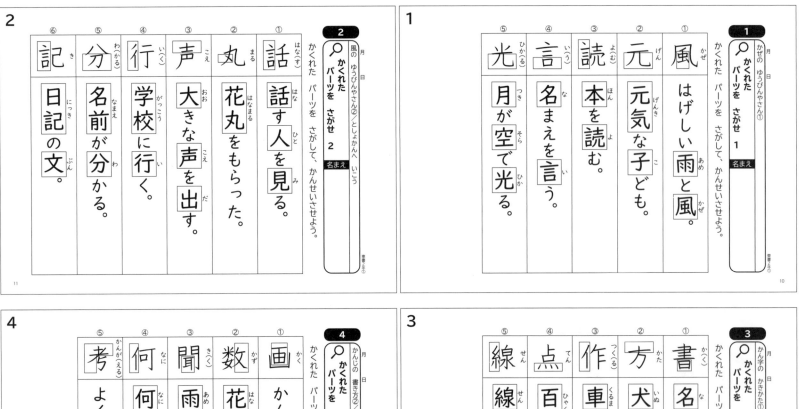

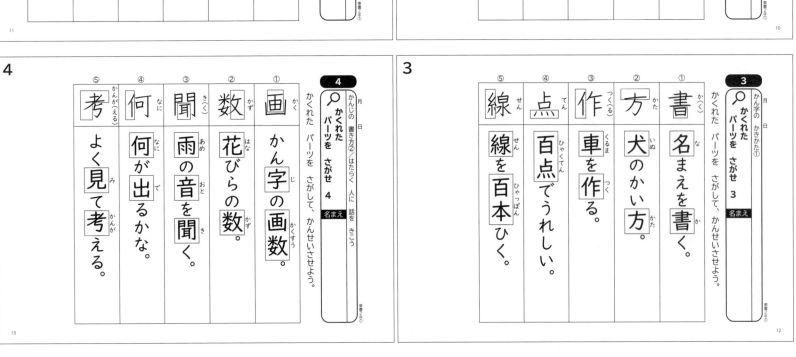

5

月 日

たんぽぽ①

5 かくれた パーツを さがせ 5

名まえ

かくれた パーツを さがして、かんせいさせよう。

① 夜《よる》　夜《よる》に風《かぜ》がふく。

② 間《あいだ》　一年《いちねん》の間《あいだ》。

③ 多《おお(い)》　森《もり》には木《き》が多《おお》い。

④ 少《すく(ない)》　雨《あめ》が少《すく》ない。

⑤ 毛《け》　青《あお》い毛糸《けいと》。

⑥ 当《あ(たる)》　雨《あめ》が当《あ》たる。

東書2年①

14

6

月 日

たんぽぽ②／かん字を つかおう 2

6 かくれた パーツを さがせ 6

名まえ

かくれた パーツを さがして、かんせいさせよう。

① 時《じ》　三時《さんじ》のおやつ。

② 活《かつ》　人《ひと》の生活《せいかつ》。

③ 科《か》　科学《かがく》の本《ほん》。

④ 来《く(る)》　空《そら》から来《く》る。

⑤ 門《もん》　校門《こうもん》の左《ひだり》。

東書2年①

15

7

月 日

かんさつした ことを 書こう／かたかなで 書く ことば①

7 かくれた パーツを さがせ 7

名まえ

かくれた パーツを さがして、かんせいさせよう。

① 回《まわ(る)》　目《め》が回《まわ》る。

② 高《たか(い)》　高《たか》い山《やま》にのぼる。

③ 黄《き》　黄《き》みどりの花《はな》。

④ 色《いろ》　赤色《あかいろ》の花《はな》。

⑤ 外《がい》　校外《こうがい》学《がく》しゅう

⑥ 国《こく》　外国《がいこく》に行《い》く。

東書2年①

16

8

月 日

かたかなで 書く ことば②／名まえを みて ちょうだい①

8 かくれた パーツを さがせ 8

名まえ

かくれた パーツを さがして、かんせいさせよう。

① 地《ち》　地《ち》きゅうは青《あお》い。

② 前《まえ》　前《まえ》の人《ひと》は男《おとこ》の子《こ》。

③ 野《の》　野山《のやま》の草《くさ》。

④ 原《はら》　大《おお》きな原《はら》っぱ。

⑤ 頭《あたま》　頭《あたま》の上《うえ》にのせる。

⑥ 答《こた(え)》　答《こた》えを見《み》る。

東書2年①

17

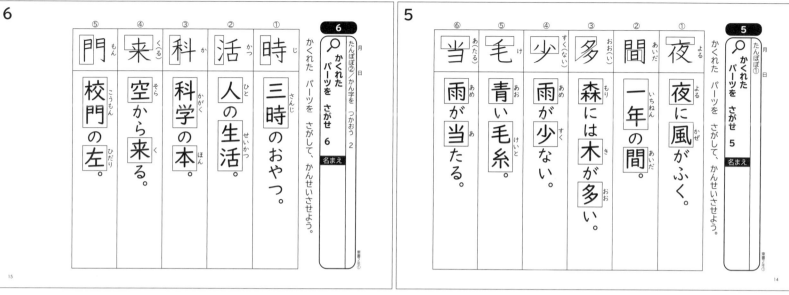

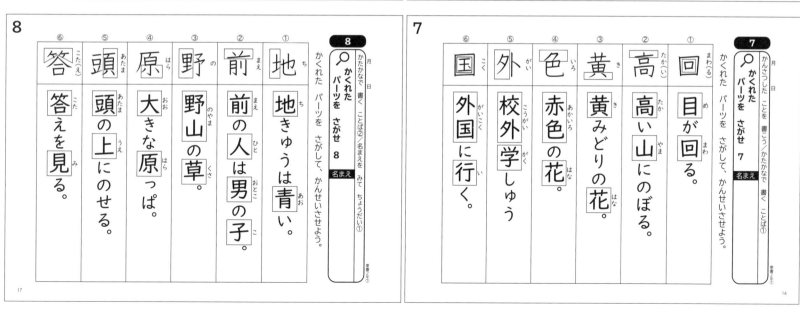

9

9 かくれた パーツを さがせ 9

月　日　名前を 見て ちょうだい②／かん字を つかおう 3①

名まえ

かくれた パーツを さがして、かんせいさせよう。

① 牛《うし》 … 大《おお》きい牛《うし》。

② 場《ば》 … 学校《がっこう》のすな場《ば》。

③ 会《あ（う）》 … 町《まち》で先生《せんせい》に会《あ》う。

④ 思《おも（う）》 … 思《おも》い出《で》の空《そら》。

⑤ 今《いま》 … 今《いま》の天気《てんき》。

⑥ 社《しゃ》 … 村《むら》のじん社《じゃ》。

東書2年①

10

10 かくれた パーツを さがせ 10

月　日　かん字を つかおう 3②

名まえ

かくれた パーツを さがして、かんせいさせよう。

① 親《おや》 … 親《おや》ゆびを立《た》てる。

② 友《とも》 … 友《とも》だち百人《ひゃくにん》。

③ 明《あか（るい）》 … 空《そら》が明《あか》るい。

④ 計《けい》 … 計画《けいかく》を立《た》てる。

⑤ 算《さん》 … お金《かね》の計算《けいさん》。

東書2年①

11

11 かくれた パーツを さがせ 11

月　日　こんな ことを して いるよ～どうぶつえんの かんばんと…①

名まえ

かくれた パーツを さがして、かんせいさせよう。

① 組《く（む）》 … 足《あし》を組《く》む。

② 家《いえ》 … 石《いし》の家《いえ》をたてる。

③ 自《じ》 … 花《はな》が自《じ》まんの村《むら》。

④ 心《こころ》 … 犬《いぬ》の心《こころ》がわかる。

⑤ 教《おし（える）》 … 文字《もじ》を教《おし》える。

⑥ 園《えん》 … ようち園《えん》に入《はい》る。

東書2年①

12

12 かくれた パーツを さがせ 12

月　日　どうぶつ園の かんばんと ガイドブック②

名まえ

かくれた パーツを さがして、かんせいさせよう。

① 知《し（る）》 … 名前《なまえ》を知《し》る。

② 体《からだ》 … 人《ひと》の体《からだ》のほね。

③ 長《なが（い）》 … 足《あし》の長《なが》い犬《いぬ》。

④ 太《ふと（る）》 … 木《き》のみきが太《ふと》る。

⑤ 肉《にく》 … 大《おお》きなとり肉《にく》。

⑥ 同《おな（じ）》 … 同《おな》じ学校《がっこう》の人《ひと》。

東書2年①

1学期の答え 13～16

13

月　日

かぜの ゆうびんやさん

＋かん字 たしざん 1

名まえ

かん字の たしざんを しよう。

＊こたえの かん字で ことばを つくろう。

① 几＋丿＋虫＝風 → そよ風
② 二＋儿＝元 → 元気
③ 言＋士＋冗＝読 → 読む
④ 亠＋二＋口＝言 → 言う
⑤ ⺌＋一＋儿＝光 → 光る
⑥ 言＋千＋口＝話 → むかし話
⑦ 九＋丶＝丸 → 花丸
⑧ 士＋尸＝声 → わらい声

東書2年②

14

月　日

としょかんへ いこう／かん字の かきかた①

＋かん字 たしざん 2

名まえ

かん字の たしざんを しよう。

＊こたえの かん字で ことばを つくろう。

① 彳＋亍＝行 → 行きかた
② 八＋刀＝分 → 分ける
③ 言＋己＝記 → 日記
④ ⺕＋土＋日＝書 → 書く
⑤ 亠＋勹＝方 → 作り方
⑥ 亻＋乍＝作 → 作る
⑦ ⺊＋口＋灬＝点 → 百点
⑧ 糸＋白＋水＝線 → 線ろ

東書2年②

15

月　日

かん字の 書き方②／はたらく 人に 話を きこう／たんぽぽ①

＋かん字 たしざん 3

名まえ

かん字の たしざんを しよう。

＊こたえの かん字で ことばを つくろう。

① 一＋由＋凵＝画 → 画数
② 米＋女＋攵＝数 → 数字
③ 門＋耳＝聞 → 聞く
④ 亻＋一＋口＝何 → 何か
⑤ 耂＋丂＝考 → 考える
⑥ 亠＋亻＋夂＝夜 → 夜ごはん
⑦ 門＋日＝間 → この間
⑧ 夕＋夕＝多 → 多い

東書2年②

16

月　日

たんぽぽ②／かん字を つかおう 2

＋かん字 たしざん 4

名まえ

かん字の たしざんを しよう。

＊こたえの かん字で ことばを つくろう。

① 小＋ノ＝少 → 少ない
② 彡＋し＝毛 → 毛糸
③ ⺌＋ヨ＝当 → 当たりくじ
④ 日＋土＋寸＝時 → 三時
⑤ 氵＋千＋口＝活 → 生活
⑥ 禾＋斗＝科 → 科学
⑦ 一＋半＋八＝来 → 来る
⑧ 𠁣＋𠁤＝門 → 校門

東書2年②

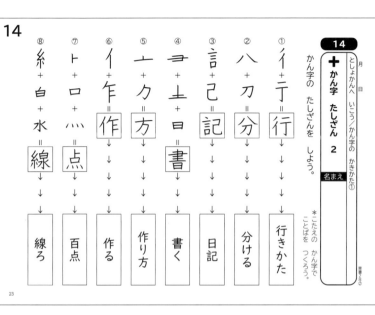

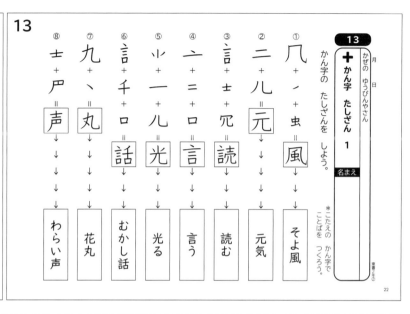

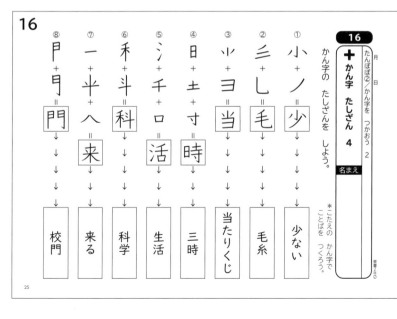

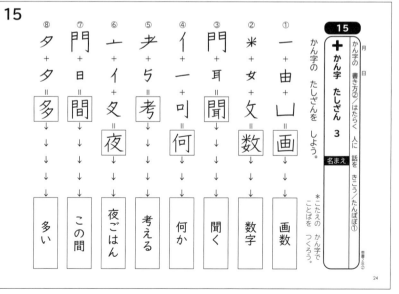

17

17 かんさつした ことを 書こう／かたかなで 書く ことば

月 日

＋かん字 たしざん 5

名まえ

かん字の たしざんを しよう。

＊こたえの かん字で ことばを つくろう。

① 冂＋口＋一＝回 → 回る
② 亠＋口＋冋＝高 → 高い
③ 廿＋由＋八＝黄 → 黄みどり
④ ⺈＋巴＝色 → 青色
⑤ 夕＋卜＝外 → 校外
⑥ 冂＋玉＋一＝国 → 外国
⑦ 土＋也＝地 → 地きゅう
⑧ 䒑＋月＋刂＝前 → 前とうしろ

東書2年①

26

18

18 名前を 見て ちょうだい

月 日

＋かん字 たしざん 6

名まえ

かん字の たしざんを しよう。

＊こたえの かん字で ことばを つくろう。

① 里＋マ＋了＝野 → 野山
② 厂＋白＋小＝原 → 原っぱ
③ 豆＋一＋貝＝頭 → 石頭
④ ⺮＋人＋口＝答 → 答え
⑤ 𠂉＋｜＝牛（別解 午） → 大きい牛
⑥ 土＋日＋勿＝場 → あそび場
⑦ 人＋二＋ム＝会 → 会う
⑧ 田＋心＝思 → 思い出す

東書2年①

27

19

19 かん字を つかおう 3

月 日

＋かん字 たしざん 7

名まえ

かん字の たしざんを しよう。

＊こたえの かん字で ことばを つくろう。

① 人＋ラ＝今 → 今から
② ネ＋土＝社 → 会社
③ 立＋木＋見＝親 → 親子
④ ナ＋又＝友 → 友だち
⑤ 日＋月＝明 → 明るい
⑥ 言＋十＝計 → 計算
⑦ ⺮＋目＋廾＝算 → 算数

東書2年①

28

20

20 こんな ことを して いるよ／話そう、二年生の わたし

月 日

＋かん字 たしざん 8

名まえ

かん字の たしざんを しよう。

＊こたえの かん字で ことばを つくろう。

① 糸＋且＝組 → 組み立て
② 宀＋豕＋く＝家 → 家の中
③ ノ＋冂＋三＝自 → 自てん車
④ 心＋い＝心 → 心のこり
⑤ 耂＋子＋攵＝教 → 教える

東書2年①

29

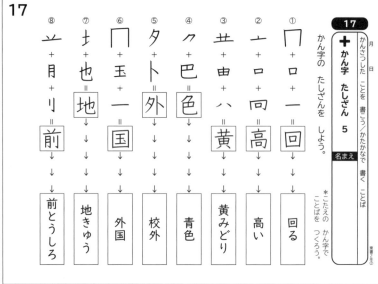

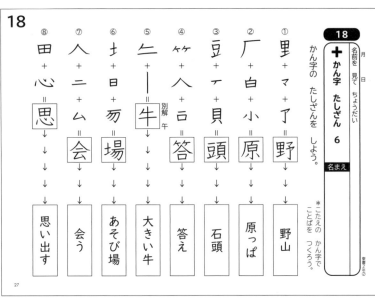

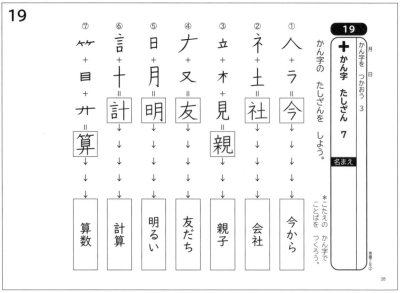

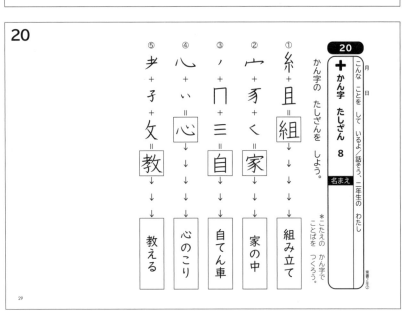

21

21 **かん字 たしざん 9**

どうぶつえんの かんばんと ガイドブック

月　日

名まえ

かん字の たしざんを しよう。

	かん字の たしざん	ことば
①	冂＋袁＋一＝園	ようち園
②	矢＋口＝知	もの知り
③	イ＋木＋一＝体	人の体
④	三＋一＋𧘇＝長	長い
⑤	大＋、＝太（別解 犬）	太る
⑥	冂＋人＋人＝肉	とり肉
⑦	冂＋一＋口＝同	同じ

＊こたえの かん字で ことばを つくろう。

東書2年①

30

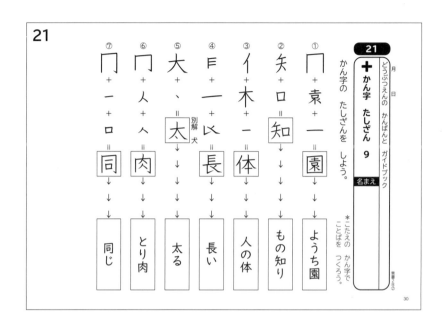

22

22

かぜの ゆうびんやさん①

月　日

たりないのは どこ（かたちを よく見て）1

名まえ

たりない ところを 見つけて、正しく かこう。

① そよ風《かぜ》 → そよ風

② 元《げん》気《き》 → 元気

③ 読《よ》む → 読む

④ 言《い》う → 言う

⑤ 光《ひか》る → 光る

東書2年①

31

23

23

風の ゆうびんやさん②／としょかんへ いこう

月　日

たりないのは どこ（かたちを よく見て）2

名まえ

たりない ところを 見つけて、正しく かこう。

① むかし話《ばなし》 → むかし話

② 花《はな》丸《まる》 → 花丸

③ わらい声《ごえ》 → わらい声

④ 行《い》きかた → 行きかた

⑤ 分《わ》ける → 分ける

⑥ 日《にっ》記《き》 → 日記

東書2年①

32

24

24

かん字の かきかた①

月　日

たりないのは どこ（かたちを よく見て）3

名まえ

たりない ところを 見つけて、正しく かこう。

① 書《か》く → 書く

② 作《つく》り方《かた》 → 作り方

③ 作《つく》る → 作る

④ 百《ひゃく》点《てん》 → 百点

⑤ 線《せん》ろ → 線ろ

東書2年①

33

25

25

かんじの 書き方②／はたらく 人に 話を きこう

月　日

たりないのは どこ（かたちを よく見て）4

名まえ

たりない ところを 見つけて、正しく かこう。

① 画《かく》数《すう》 → 画数

② 数《すう》字《じ》 → 数字

③ 聞《き》く → 聞く

④ 何《なに》か → 何か

⑤ 考《かんが》える → 考える

東書2年①

34

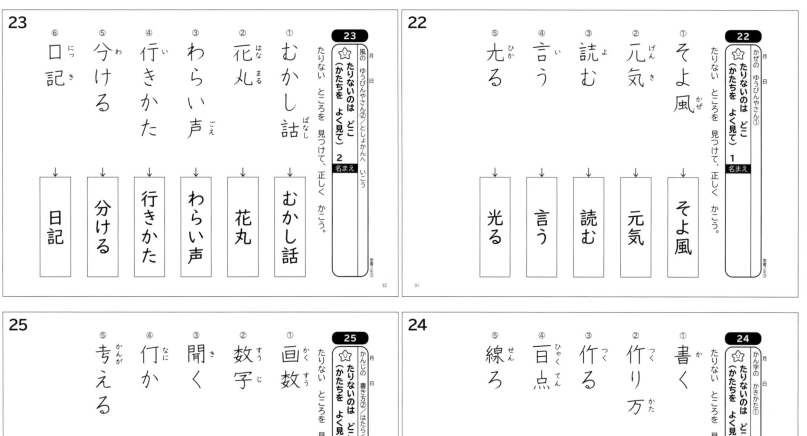

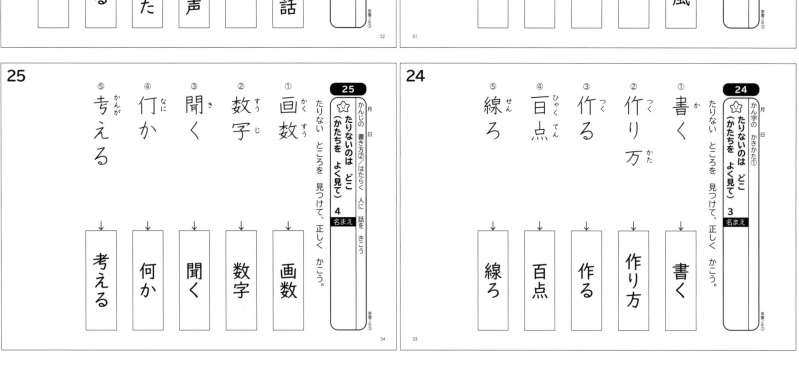

26

26 たんぽぽ①　月　日

たりないのは どこ (かたちを よく見て) 5

名まえ

たりない ところを 見つけて、正しく かこう。

① 夜《よる》ごはん → 夜ごはん

② この間《あいだ》 → この間

③ 多《おお》い → 多い

④ 少《すく》ない → 少ない

⑤ 毛《け》糸《いと》 → 毛糸

⑥ 当《あ》たりくじ → 当たりくじ

東書2年①

35

27

27 たんぽぽ②／かん字を つかおう 2　月　日

たりないのは どこ (かたちを よく見て) 6

名まえ

たりない ところを 見つけて、正しく かこう。

① 二《さん》時《じ》 → 三時

② 生《せい》活《かつ》 → 生活

③ 科《か》学《がく》 → 科学

④ 来《く》る → 来る

⑤ 校《こう》門《もん》 → 校門

東書2年①

36

28

28 かんさつした ことを 書こう／かたかなで 書く ことば①　月　日

たりないのは どこ (かたちを よく見て) 7

名まえ

たりない ところを 見つけて、正しく かこう。

① 回《まわ》る → 回る

② 高《たか》い → 高い

③ 黄《き》みどり → 黄みどり

④ 青《あお》色《いろ》 → 青色

⑤ 校《こう》外《がい》 → 校外

⑥ 外《がい》国《こく》 → 外国

東書2年①

37

29

29 かたかなで 書く ことば②／名まえを 見て ちょうだい①　月　日

たりないのは どこ (かたちを よく見て) 8

名まえ

たりない ところを 見つけて、正しく かこう。

① 地《ち》きゅう → 地きゅう

② 前《まえ》とうしろ → 前とうしろ

③ 野《の》山《やま》 → 野山

④ 原《はら》っぱ → 原っぱ

⑤ 石《いし》頭《あたま》 → 石頭

⑥ 答《こた》え → 答え

東書2年①

38

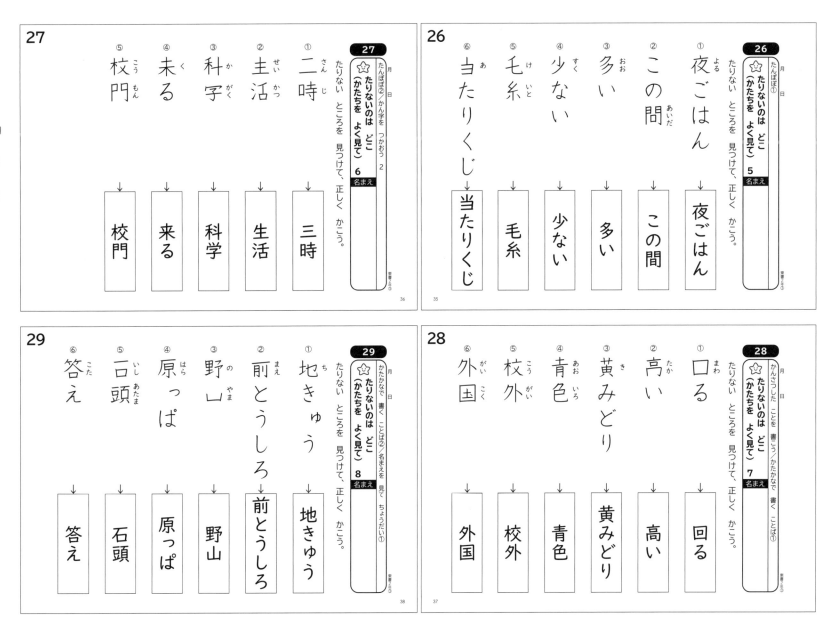

30

30

名前を 見て ちょうだい②／かん字を つかおう 3①

月 日

たりないのは どこ（かたちを よく見て） 9

名まえ

たりない ところを 見つけて、正しく かこう。

① 人《おお》きい牛《うし》 → 大きい牛

② あそび場《ば》 → あそび場

③ 会《あ》う → 会う

④ 思《おも》い出《だ》す → 思い出す

⑤ 今《いま》から → 今から

⑥ 会《かい》社《しゃ》 → 会社

東書2年③

39

31

31

かん字を つかおう 3②

月 日

たりないのは どこ（かたちを よく見て） 10

名まえ

たりない ところを 見つけて、正しく かこう。

① 親《おや》子《こ》 → 親子

② 友《とも》だち → 友だち

③ 明《あか》るい → 明るい

④ 計《けい》算《さん》 → 計算

⑤ 算《さん》数《すう》 → 算数

東書2年③

40

32

32

こんな ことを して いるよ〜どうぶつえんの かんばんと…①

月 日

たりないのは どこ（かたちを よく見て） 11

名まえ

たりない ところを 見つけて、正しく かこう。

① 組《く》み立《た》て → 組み立て

② 家《いえ》の口《なか》 → 家の中

③ 目《じ》てん車《しゃ》 → 自てん車

④ 心《こころ》のこり → 心のこり

⑤ 教《おし》える → 教える

⑥ ようち園《えん》 → ようち園

東書2年③

41

33

33

どうぶつ園の かんばんと ガイドブック②

月 日

たりないのは どこ（かたちを よく見て） 12

名まえ

たりない ところを 見つけて、正しく かこう。

① もの知《し》り → もの知り

② ノ《ひと》の体《からだ》 → 人の体

③ 長《なが》い → 長い

④ 太《ふと》る → 太る

⑤ とり肉《にく》 → とり肉

⑥ 同《おな》じ → 同じ

東書2年③

42

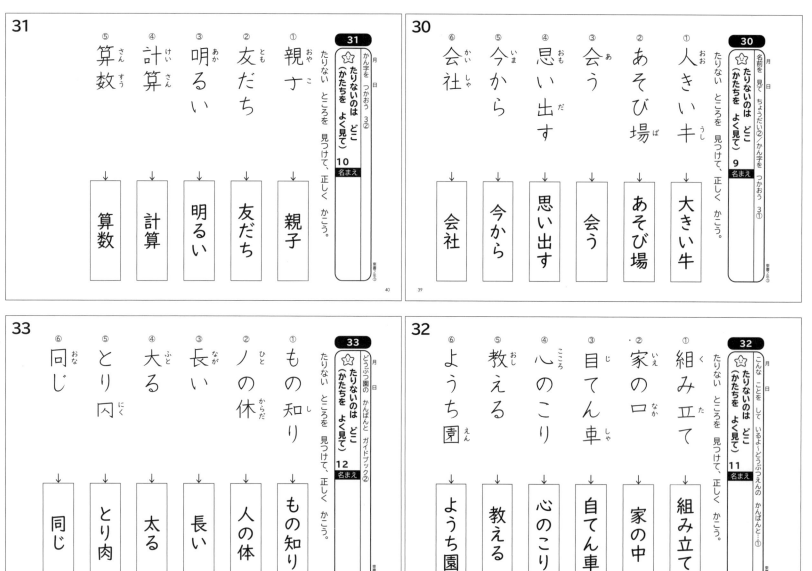

34

34

かん字を 入れよう 1

かぜの ゆうびんやさん①

月 日

名まえ

文を よんで、ぴったりの かん字を 入れよう。

① つよい風がふいて、ぼうしをとばされた。

② はれた日は、そとで元気にあそびましょう。

③ 「ふきのとう」のおはなしを読みました。

④ 大きなこえで「おはよう」と言いましょう。

⑤ 車のライトが、まぶしく光っている。

⑥ おばあちゃんと、でんわで話しました。

⑦ きれいにかいたので、花丸をつけてもらった。

ヒント 光 風 丸 元 話 読 言

東書2年④

43

35

35

かん字を 入れよう 2

風の ゆうびんやさん②／としょかんへ いこう／かん字の かきかた①

月 日

名まえ

文を よんで、ぴったりの かん字を 入れよう。

① 学校の校かを、大きな声でうたいましょう。

② おかあさんと、かいものに行きました。

③ こたえが分かった人は、手をあげましょう。

④ ともだちとあそんだことを、日記にかく。

⑤ えんぴつで、ていねいに字を書いた。

⑥ かぶとのおり方を、おしえてもらった。

⑦ このはたけでは、レタスを作っている。

ヒント 書 行 分 方 声 記 作

東書2年④

44

36

36

かん字を 入れよう 3

かん字の 書き方②／はたらく 人に 話を きこう

月 日

名まえ

文を よんで、ぴったりの かん字を 入れよう。

① かん字テストで百点まんてんをとった。

② かみにまっすぐな線をひきました。

③ かん字の画すうを、かぞえながら書く。

④ おさらのイチゴの数をかぞえる。

⑤ とりが、「ピヨピヨ」となくのを聞いた。

⑥ みんなで、何をしてあそぶかそうだんした。

⑦ なにを書くか、よく考えましょう。

ヒント 数 点 聞 考 何 画 線

東書2年④

45

37

37

かん字を 入れよう 4

たんぽぽ①

月 日

名まえ

文を よんで、ぴったりの かん字を 入れよう。

① 月のない夜、空に、ほしが光っている。

② まえの人と間をあけて、ならびましょう。

③ 休みの日のこうえんは、人が多い。

④ 男の子の人数が、女の子より少ない。

⑤ 女の子が、ながいかみの毛をむすんでいる。

⑥ ボールが、かおに当たって、はなちが出た。

⑦ ぼくは、時どきしゅくだいをわすれる。

ヒント 毛 夜 少 当 多 時 間

東書2年④

46

38

38 月 日
たんぽぽ②／かん字を つかおう 2／かんさつした ことを 書こう①
かん字を 入れよう 5
名まえ
東書2年④

文を よんで、ぴったりの かん字を 入れよう。

①休みの日も、きそく正しい生活をしましょう。
②生かつ科で、あさがおをそだてました。
③三十ぷんまって、やっとバスが来ました。
④学校の入口には校門がある。
⑤こまが、くるくると回る。
⑥キリンは、くびがながくて、せが高い。
⑦みちばたに黄いろいタンポポがさいている。

ヒント 来 高 科 活 回 黄 門

39

39 月 日
かんさつした ことを 書こう②〜名まえを 見て ちょうだい①
かん字を 入れよう 6
名まえ
東書2年④

文を よんで、ぴったりの かん字を 入れよう。

①かいたえに、クレヨンで色をぬりました。
②このふねは、外こくに行くふねです。
③ひこうきにのって、がい国に行く。
④わたしたちのすむほしは、地きゅうです。
⑤いちばん前から、うしろにまわしてください。
⑥ひろい野はらにねころんで、空を見た。
⑦ひろい原っぱで、かけっこをする。

ヒント 野 地 国 外 前 原 色

40

40 月 日
名前を 見て ちょうだい②
かん字を 入れよう 7
名まえ
東書2年④

文を よんで、ぴったりの かん字を 入れよう。

①てつぼうにぶつかって、頭にこぶができた。
②テストのもんだいの答えを考える。
③ぼくじょうで、牛が草をたべている。
④おもちゃうり場でゲームをさがした。
⑤てん校したともだちに、ひさしぶりに会う。
⑥えんそくは、たのしい思い出がいっぱいだ。

ヒント 牛 場 思 頭 答 会

41

41 月 日
かん字を つかおう 3
かん字を 入れよう 8
名まえ
東書2年④

文を よんで、ぴったりの かん字を 入れよう。

①空がくらくて、今にも雨がふりそうだ。
②おとうさんは、会社でしごとをしている。
③どうぶつえんで、パンダの親子を見た。
④学校からかえって友だちのいえであそぶ。
⑤よがあけて、空が明るくなった。
⑥なつ休みの計画を立てましょう。
⑦あしたは、国ご算数のテストがある。

ヒント 親 社 計 今 明 友 算

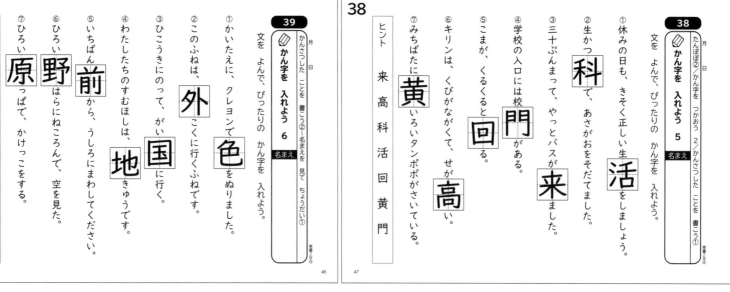

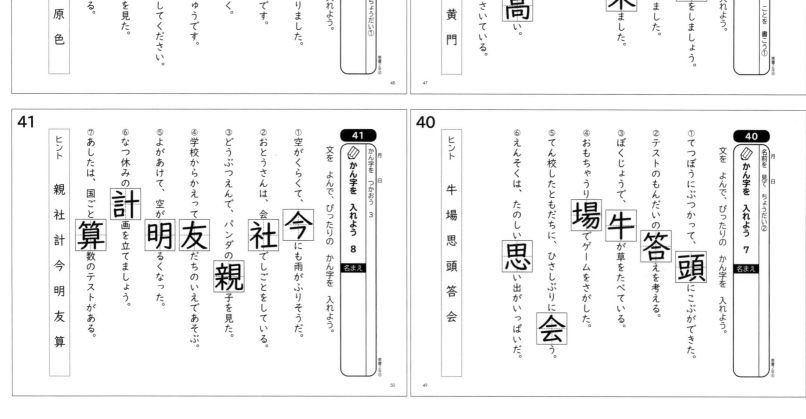

42

月　日

こんな ことを して いるよ／話そう、二年生の わたし

かん字を 入れよう 9

名まえ

文を よんで、ぴったりの かん字を 入れよう。

① おとうとと、おもちゃの車を組み立てる。

② 学校がおわって、家にかえりました。

③ こうえんまで、自てん車にのって行く。

④ このお話は、とても心にのこりました。

⑤ わからないことは、先生が教えてくれる。

ヒント　心　組　教　自　家

東書2年④

51

43

月　日

どうぶつえんの かんばんと ガイドブック

かん字を 入れよう 10

名まえ

文を よんで、ぴったりの かん字を 入れよう。

① どうぶつ園で、くびのながいキリンを見た。

② ぼくは、何も知りません。

③ うんどうをして、体をきたえる。

④ ぞうのはなは長くて、べんりだ。

⑤ おとうさんのうでは太くて、力もちだ。

⑥ かぞくで、やき肉パーティーをしました。

⑦ 友だちと同じクラスになって、うれしい。

ヒント　長　太　体　知　肉　園　同

東書2年④

52

44

44
月　日
みんなで 話しあおう／ニャーゴ①
かくれた パーツを さがせ 13
名まえ

かくれた パーツを さがして、かんせいさせよう。

① 合《あ(う)》
目《め》と目《め》が合《あ》う。

② 楽《たの(しい)》
学校《がっこう》は楽《たの》しい。

③ 雪《ゆき》
雨《あめ》が雪《ゆき》にかわる。

④ 顔《かお》
顔《かお》を見《み》せる。

⑤ 食《た(べる)》
草《くさ》を食《た》べる虫《むし》。

⑥ 歩《ある(く)》
森《もり》の中《なか》を歩《ある》く。

東書2年①

45

45
月　日
ニャーゴ②／かん字を つかおう 4①
かくれた パーツを さがせ 14
名まえ

かくれた パーツを さがして、かんせいさせよう。

① 走《はし(る)》
力《ちから》いっぱい走《はし》る。

② 止《と(まる)》
立《た》ち止《ど》まる。

③ 弟《おとうと》
弟《おとうと》が虫《むし》をかう。

④ 妹《いもうと》
妹《いもうと》と手《て》をつなぐ。

⑤ 万《まん》
一万円《いちまんえん》さつ

⑥ 切《せつ》
水《みず》は大切《たいせつ》です。

東書2年①

46

46
月　日
かん字を つかおう 4②／えを みて お話を 書こう
かくれた パーツを さがせ 15
名まえ

かくれた パーツを さがして、かんせいさせよう。

① 才《さい》
かん字《じ》の天才《てんさい》。

② 語《ご》
日本語《にほんご》の本《ほん》。

③ 台《だい》
土台《どだい》の上《うえ》。

④ 絵《え》
絵本《えほん》の犬《いぬ》。

⑤ 広《ひろ(い)》
広《ひろ》い田《た》はた。

⑥ 図《ず》
天気図《てんきず》を見《み》る。

東書2年①

47

47
月　日
ビーバーの 大工事①
かくれた パーツを さがせ 16
名まえ

かくれた パーツを さがして、かんせいさせよう。

① 工《こう》
車《くるま》の工《こう》じょう。

② 北《きた》
川《かわ》の北《きた》がわの山《やま》。

③ 近《ちか(い)》
林《はやし》に近《ちか》い学校《がっこう》。

④ 引《ひ(く)》
青《あお》い糸《いと》を引《ひ》く。

⑤ 後《うし(ろ)》
前《まえ》と後《うし》ろ。

東書2年①

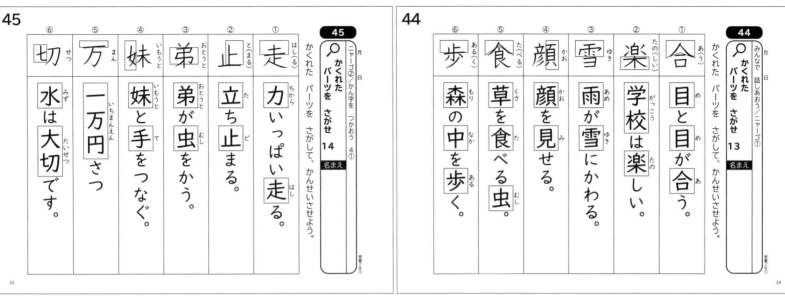

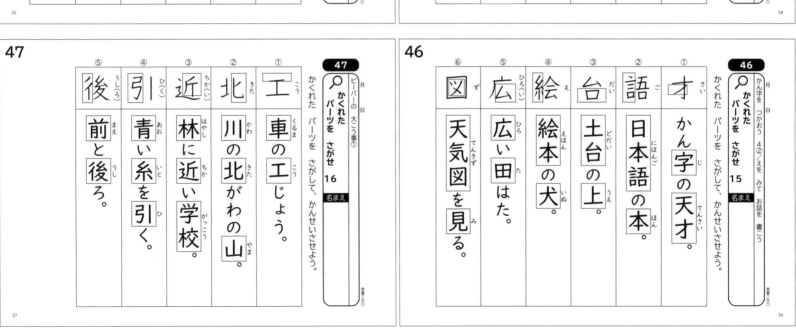

48

月　日

ビーバーの 大工事②／「どうぶつカード」を 作ろう

48 かくれた パーツを さがせ 17

名まえ

かくれた パーツを さがして、かんせいさせよう。

① 形《かたち》　犬《いぬ》の形《かたち》の石《いし》。

② 内《うち》　内《うち》がわに立《た》つ。

③ 海《うみ》　海《うみ》の日《ひ》は七月《しちがつ》だ。

④ 新《あたら(しい)》　新《あたら》しい本《ほん》。

⑤ 強《つよ(い)》　右手《みぎて》の力《ちから》が強《つよ》い。

東書2年①

49

月　日

主語と じゅつ語／町で 見つけた ことを 話そう①

49 かくれた パーツを さがせ 18

名まえ

かくれた パーツを さがして、かんせいさせよう。

① 鳴《な(る)》　ベルの音《おと》が鳴《な》る。

② 雲《くも》　雲《くも》の上《うえ》。

③ 晴《は(れる)》　空《そら》が晴《は》れる。

④ 船《ふね》　船《ふね》で川《かわ》をわたる。

⑤ 店《みせ》　村《むら》の小《ちい》さなお店《みせ》。

⑥ 冬《ふゆ》　冬休《ふゆやす》みになる。

東書2年①

50

月　日

町で 見つけた ことを 話そう②／かたかなを つかおう 1

50 かくれた パーツを さがせ 19

名まえ

かくれた パーツを さがして、かんせいさせよう。

① 朝《あさ》　朝《あさ》の天気《てんき》。

② 週《しゅう》　先週《せんしゅう》の金《きん》よう日《び》。

③ 市《いち》　八日《ようか》に市《いち》が立《た》つ。

④ 茶《ちゃ》　お茶《ちゃ》わん一《いっ》ぱい。

⑤ 春《はる》　春休《はるやす》みの日《ひ》。

⑥ 角《かく》　四角《しかく》と三角《さんかく》。

東書2年①

51

月　日

なかまに なる ことば①

51 かくれた パーツを さがせ 20

名まえ

かくれた パーツを さがして、かんせいさせよう。

① 夏《なつ》　学校《がっこう》は夏休《なつやす》みだ。

② 秋《あき》　すんだ秋《あき》の空《そら》。

③ 東《とう》　東《とう》ようの人《ひと》たち。

④ 南《みなみ》　南《みなみ》のしまの大王《だいおう》。

⑤ 西《にし》　西《にし》の空《そら》が赤《あか》い。

⑥ 父《ちち》　父《ちち》の車《くるま》にのる。

東書2年①

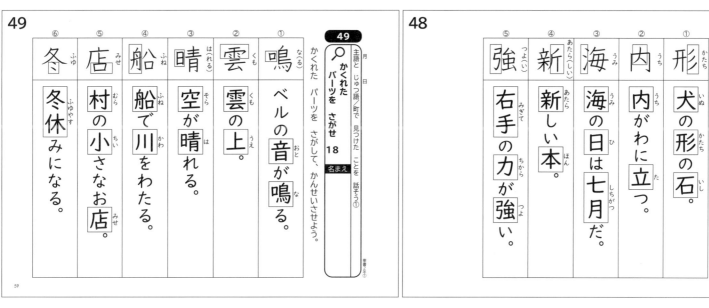

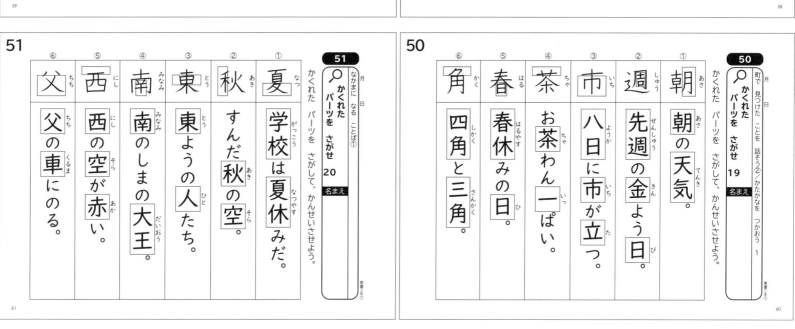

52

52 月 日 なかまに なる ことば②／「ありがとう」を つたえよう

かくれた パーツを さがせ 21

名まえ

かくれた パーツを さがして、かんせいさせよう。

① 母《はは》　母《はは》と山《やま》にのぼる。

② 兄《あに》　兄《あに》は足《あし》がはやい。

③ 姉《あね》　姉《あね》に本《ほん》をかりる。

④ 昼《ひる》　昼《ひる》から雨《あめ》がふる。

⑤ 紙《かみ》　お手紙《てがみ》をおくる。

⑥ 室《しつ》　教室《きょうしつ》に入《はい》る。

東書2年①

62

53

53 月 日 かさこじぞう

かくれた パーツを さがせ 22

名まえ

かくれた パーツを さがして、かんせいさせよう。

① 売《う(る)》　花《はな》を売《う》る。

② 買《か(う)》　本《ほん》を買《か》う。

③ 道《みち》　道草《みちくさ》をする。

④ 米《こめ》　白《しろ》いお米《こめ》。

⑤ 歌《うた(う)》　校《こう》かを歌《うた》う。

⑥ 戸《と》　戸《と》をあけて出《で》る。

63

54

54 月 日 かん字を つかおう 5

かくれた パーツを さがせ 23

名まえ

かくれた パーツを さがして、かんせいさせよう。

① 曜《よう》　日曜日《にちようび》は休《やす》む。

② 午《ご》　正午《しょうご》まで休《やす》む。

③ 谷《たに》　谷川《たにがわ》の水《みず》。

④ 岩《いわ》　大《おお》きな岩山《いわやま》。

⑤ 池《いけ》　池《いけ》の水《みず》をくむ。

東書2年①

64

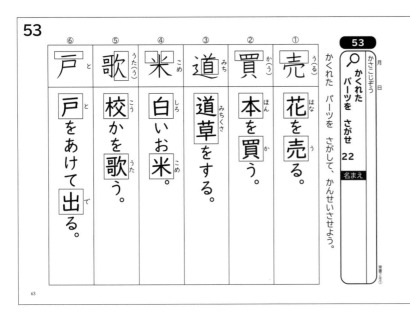

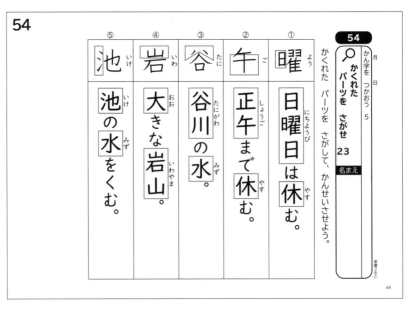

55

55

みんなで 話しあおう／ニャーゴ①

月 日

＋かん字 たしざん 10

名まえ

かん字の たしざんを しよう。

① 人＋一＋口＝合 → 合う
② 白＋冫く＋木＝楽 → 楽しい
③ 雨＋ヨ＝雪 → 雪だるま
④ 彦＋丆＋貝＝顔 → 知らん顔
⑤ 人＋良＝食 → 食べもの
⑥ 止＋少＝歩 → 山歩き

＊こたえの かん字で ことばを つくろう。

東書2年②

65

56

56

ニャーゴ②／かん字を つかおう 4①

月 日

＋かん字 たしざん 11

名まえ

かん字の たしざんを しよう。

① 土＋龰＝走 → 走る
② 卜＋一＝止 → 立ち止まる
③ ソ＋弓＋丿＝弟 → 弟の本
④ 女＋未＝妹 → 小さい妹
⑤ 一＋ㄅ＝万 → 一万円
⑥ 七＋刀＝切 → 大切

＊こたえの かん字で ことばを つくろう。

東書2年②

66

57

57

かん字を つかおう 4②／えを 見て お話を 書こう

月 日

＋かん字 たしざん 12

名まえ

かん字の たしざんを しよう。

① 一＋亅＋ノ＝才 → 才のう
② 言＋五＋口＝語 → えい語
③ ム＋口＝台 → すべり台
④ 糸＋人＋云＝絵 → 絵本
⑤ 广＋ム＝広 → 広い
⑥ 冂＋㐅＋一＝図 → 図こう

＊こたえの かん字で ことばを つくろう。

東書2年②

67

58

58

ビーバーの 大こう事

月 日

＋かん字 たしざん 13

名まえ

かん字の たしざんを しよう。

① 一＋｜＋一＝工（別解 土） → 工さく
② 丬＋匕＝北 → 北風
③ 斤＋辶＝近 → 近い
④ 弓＋｜＝引 → つな引き
⑤ 彳＋幺＋夂＝後 → 後ろむき
⑥ 开＋彡＝形 → 丸い形
⑦ 冂＋人＝内 → 内がわ

＊こたえの かん字で ことばを つくろう。

東書2年②

68

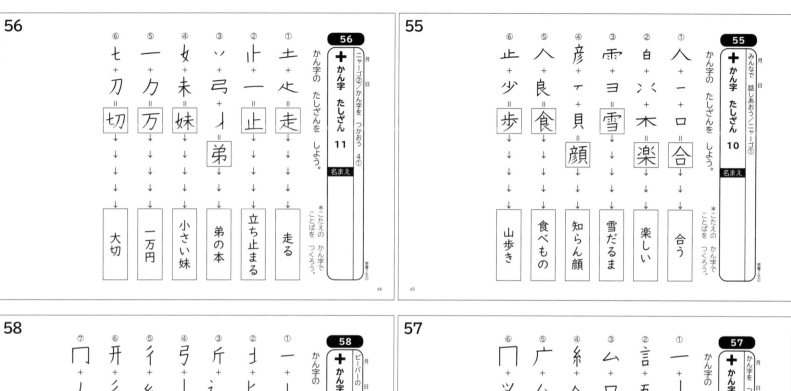

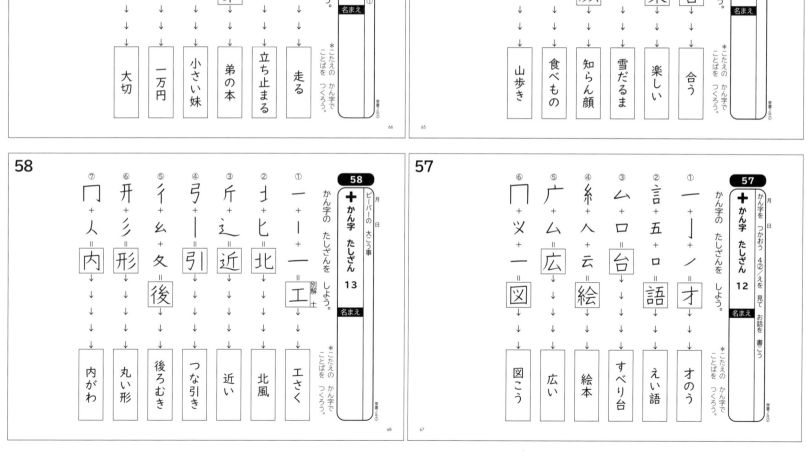

59

59

月　日

「どうぶつカード」を 作ろう／主語と じゅつ語

かん字 たしざん 14

名まえ

かん字の たしざんを しよう。

＊こたえの かん字で ことばを つくろう。

① 氵＋𠂉＋母＝海 → 海の日
② 立＋木＋斤＝新 → 新しい
③ 弓＋ム＋虫＝強 → 力強い
④ 口＋白＋灬＝鳴 → 鳴る
⑤ 雨＋二＋ム＝雲 → 白い雲
⑥ 日＋龶＋月＝晴 → 晴れ
⑦ 舟＋八＋口＝船 → 大きな船

東書2年②

69

60

60

月　日

町で 見つけた ことを 話そう／かたかなを つかおう 1

かん字 たしざん 15

名まえ

かん字の たしざんを しよう。

＊こたえの かん字で ことばを つくろう。

① 广＋ト＋口＝店 → 店ばん
② 夂＋⺀＝冬 → 冬休み
③ 十＋早＋月＝朝 → 朝日
④ 冂＋吉＋辶＝週 → 先週
⑤ 亠＋巾＝市 → 市場
⑥ 艹＋人＋木＝茶 → 茶色
⑦ 三＋人＋日＝春 → 春休み
⑧ ク＋用＝角 → 四角

東書2年②

70

61

61

月　日

なかまに なる ことば①

かん字 たしざん 16

名まえ

かん字の たしざんを しよう。

＊こたえの かん字で ことばを つくろう。

① 一＋自＋夂＝夏 → 夏休み
② 禾＋火＝秋 → 秋空
③ 一＋日＋木＝東 → 東の空
④ 十＋冂＋羊＝南 → 南口
⑤ 冂＋儿＋一＝西 → 西日
⑥ 八＋乂＝父 → 父の日
⑦ 母＋⺀＋一＝母 → 母の日

東書2年②

71

62

62

月　日

なかまに なる ことば②〜かさこじぞう①

かん字 たしざん 17

名まえ

かん字の たしざんを しよう。

＊こたえの かん字で ことばを つくろう。

① 口＋儿＝兄 → 兄のへや
② 女＋亠＋巾＝姉 → 姉のくつ
③ 尺＋日＋一＝昼 → 昼休み
④ 糸＋氏＝紙 → 手紙
⑤ 宀＋云＋土＝室 → 教室
⑥ 士＋冖＋儿＝売 → やす売り
⑦ 罒＋目＋八＝買 → 買いもの
⑧ 首＋辶＝道 → まわり道

東書2年②

72

63

63 月 日

かさこじぞう②／かん字を つかおう 5

＋かん字 たしざん 18

名まえ

かん字の たしざんを しよう。

*こたえの かん字で ことばを つくろう。

① 丷＋十＋八＝米 → 米だわら

② 可＋可＋欠＝歌 → 歌声

③ 一＋尸＝戸 → 雨戸

④ 日＋ヨヨ＋隹＝曜 → 曜日

⑤ 𠂉＋十＝午（別解 牛） → 午後

⑥ ハ＋人＋口＝谷 → 谷川

⑦ 山＋石＝岩 → 岩山

⑧ 氵＋也＝池 → ため池

東書2年②

73

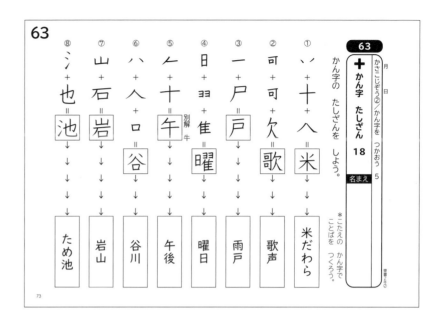

64

64 月 日
みんなで 話しあおう／ニャーゴ①

たりないのは どこ（かたちを よく見て）13

名まえ

たりない ところを 見つけて、正しく かこう。

① 合《あ》う → 合う
② 楽《たの》しい → 楽しい
③ 雪《ゆき》だるま → 雪だるま
④ 知《し》らん顔《かお》 → 知らん顔
⑤ 食《た》べもの → 食べもの
⑥ 山《やま》歩《ある》き → 山歩き

東書2年③ 74

65

65 月 日
ニャーゴ②／かん字を つかおう 4①

たりないのは どこ（かたちを よく見て）14

名まえ

たりない ところを 見つけて、正しく かこう。

① 走《はし》る → 走る
② 立《た》ち止《ど》まる → 立ち止まる
③ 弟《おとうと》の木《ほん》 → 弟の本
④ 小《ちい》さい妹《いもうと》 → 小さい妹
⑤ 一《いち》万《まん》円《えん》 → 一万円
⑥ 人《たい》切《せつ》 → 大切

東書2年③ 75

66

66 月 日
かん字を つかおう 4②／えを 見て お話を 書こう

たりないのは どこ（かたちを よく見て）15

名まえ

たりない ところを 見つけて、正しく かこう。

① 才《さい》のう → 才のう
② えい語《ご》 → えい語
③ すべり台《だい》 → すべり台
④ 絵《え》木《ほん》 → 絵本
⑤ 広《ひろ》い → 広い
⑥ 図《ず》こう → 図こう

東書2年③ 76

67

67 月 日
ビーバーの 大工事①

たりないのは どこ（かたちを よく見て）16

名まえ

たりない ところを 見つけて、正しく かこう。

① 二《こう》さく → 工さく
② 北《きた》風《かぜ》 → 北風
③ 近《ちか》い → 近い
④ つな引《ひ》き → つな引き
⑤ 後《うし》ろむき → 後ろむき

東書2年③ 77

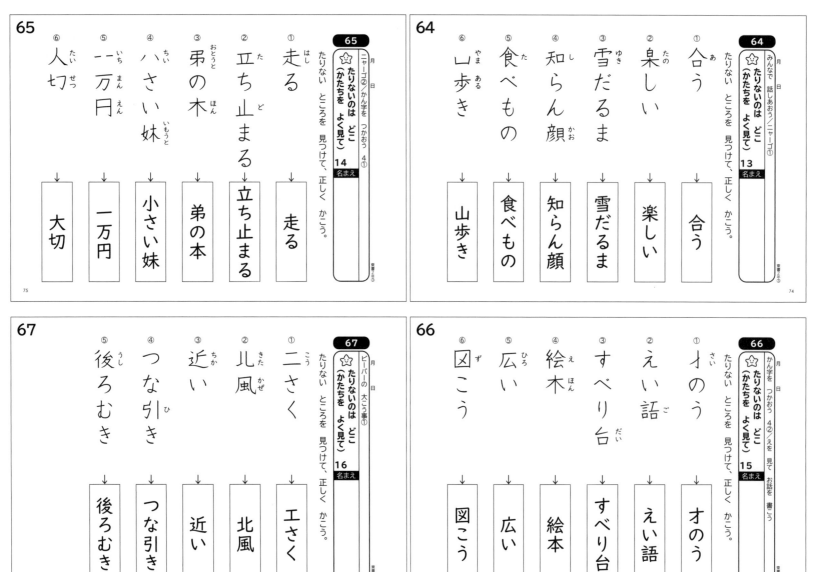

2学期の答え 68～71

68

月　日

ビーバーの 大工事②／「どうぶつカード」を 作ろう

68

たりないのは どこ (かたちを よく見て)

17 名まえ

たりない ところを 見つけて、正しく かこう。

① 丸《まる》い形《かたち》 → 丸い形
② 内《うち》がわ → 内がわ
③ 海《うみ》の日《ひ》 → 海の日
④ 新《あたら》しい → 新しい
⑤ 力《ちから》強《づよ》い → 力強い

東書2年①

69

月　日

主語と じゅつ語／町で 見つけた ことを 話そう①

69

たりないのは どこ (かたちを よく見て)

18 名まえ

たりない ところを 見つけて、正しく かこう。

① 鳴《な》る → 鳴る
② 白《しろ》い雲《くも》 → 白い雲
③ 晴《は》れ → 晴れ
④ 大《おお》きな船《ふね》 → 大きな船
⑤ 店《みせ》ばん → 店ばん
⑥ 冬《ふゆ》休《やす》み → 冬休み

東書2年①

70

月　日

町で 見つけた ことを 話そう②／かたかなを つかおう 1

70

たりないのは どこ (かたちを よく見て)

19 名まえ

たりない ところを 見つけて、正しく かこう。

① 朝《あさ》日《ひ》 → 朝日
② 先《せん》週《しゅう》 → 先週
③ 市《いち》場《ば》 → 市場
④ 茶《ちゃ》色《いろ》 → 茶色
⑤ 春《はる》休《やす》み → 春休み
⑥ 四《し》角《かく》 → 四角

東書2年①

71

月　日

なかまに なる ことば①

71

たりないのは どこ (かたちを よく見て)

20 名まえ

たりない ところを 見つけて、正しく かこう。

① 夏《なつ》休《やす》み → 夏休み
② 秋《あき》空《ぞら》 → 秋空
③ 東《ひがし》の空《そら》 → 東の空
④ 南《みなみ》口《ぐち》 → 南口
⑤ 西《にし》日《び》 → 西日
⑥ 父《ちち》の日《ひ》 → 父の日

東書2年①

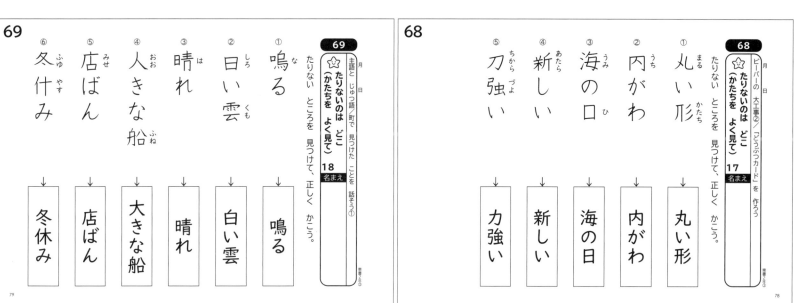

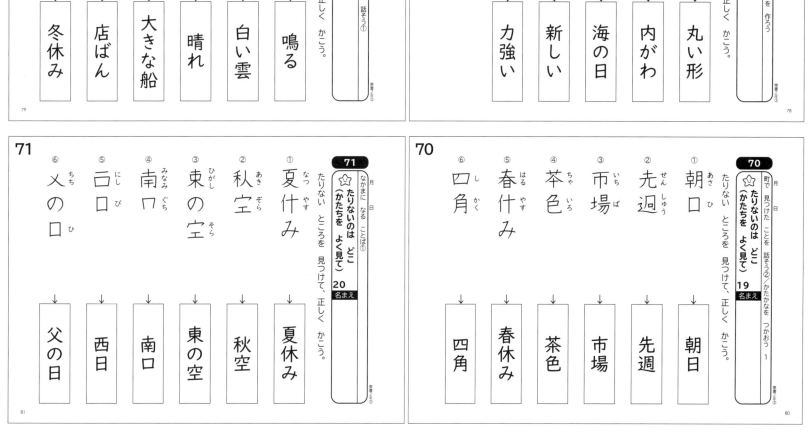

72

72 たりないのは どこ (かたちを よく見て) 21

なかまに なる ことば②／「ありがとう」を つたえよう

月　日　名まえ

たりない ところを 見つけて、正しく かこう。

① 母《はは》の口《ひ》 → 母の日

② 兄《あに》のへや → 兄のへや

③ 姉《あね》のくつ → 姉のくつ

④ 昼《ひる》什《やす》み → 昼休み

⑤ 手《て》紙《がみ》 → 手紙

⑥ 教《きょう》室《しつ》 → 教室

東書2年③

82

73

73 たりないのは どこ (かたちを よく見て) 22

かさこじぞう

月　日　名まえ

たりない ところを 見つけて、正しく かこう。

① やす売《う》り → やす売り

② 買《か》いもの → 買いもの

③ まわり道《みち》 → まわり道

④ 半《こめ》だわら → 米だわら

⑤ 歌《うた》声《ごえ》 → 歌声

⑥ 币《あま》戸《ど》 → 雨戸

東書2年③

83

74

74 たりないのは どこ (かたちを よく見て) 23

かん字を つかおう 5

月　日　名まえ

たりない ところを 見つけて、正しく かこう。

① 曜《よう》口《び》 → 曜日

② 干《ご》後《ご》 → 午後

③ 谷《たに》川《がわ》 → 谷川

④ 岩《いわ》山《やま》 → 岩山

⑤ ため池《いけ》 → ため池

東書2年③

84

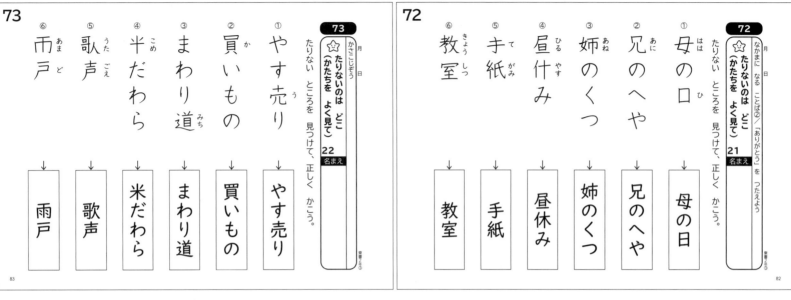

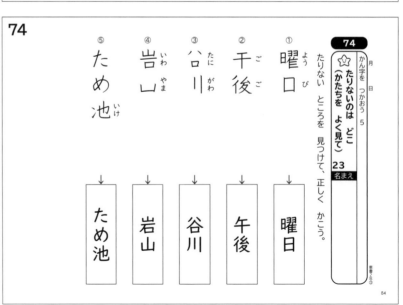

75

月 日
みんなで 話しあおう／ニャーゴ①

かん字を 入れよう 11

名まえ

文を よんで、ぴったりの かん字を 入れよう。

①このくつは、足にぴったり合っている。

②きのうのえんそくは、とても楽しかった。

③あさおきると、まっ白な雪がつもっていた。

④はをみがいたあと、つめたい水で顔をあらう。

⑤きゅうしょくは、まい日のこさずに食べる。

⑥ろうかは、走らないで歩きましょう。

ヒント 雪 食 歩 楽 合 顔

東書2年④

85

76

月 日
ニャーゴ②／かん字を つかおう 4①

かん字を 入れよう 12

名まえ

文を よんで、ぴったりの かん字を 入れよう。

①チーターは、走るのがとてもはやい。

②きゅうブレーキをかけて、車が止まった。

③わたしの下には、いもうとと弟がいる。

④ぼくの下には、おとうとと妹がいる。

⑤一万円さつを出して、おつりをもらった。

⑥このおもちゃは、大切なたからものです。

ヒント 万 弟 切 止 妹 走

東書2年④

86

77

月 日
かん字を つかおう 4②／えを 見て お話を 書こう

かん字を 入れよう 13

名まえ

文を よんで、ぴったりの かん字を 入れよう。

①あの人は、コンピューターゲームの天才です。

②二時間目は、国語のべんきょうでした。

③こう園のすべり台であそびました。

④えんそくの思い出の絵をかいた。

⑤このスーパーは、広くてしなものが多い。

⑥三、四時間目は、図こうの時間です。

ヒント 語 図 才 絵 広 台

東書2年④

87

78

月 日
ビーバーの 大こう事

かん字を 入れよう 14

名まえ

文を よんで、ぴったりの かん字を 入れよう。

①学校の前は、どうろ工じで車がとおれない。

②雪がふり、つめたい北風もふいてきた。

③わたしの家の近くに、こう園がある。

④うんどうじょうに、白い線を引いた。

⑤足音がしたので、後ろをふりむいた。

⑥ねん土を、丸い形にととのえる。

⑦あなのあいた、はこの内がわをのぞいて見た。

ヒント 近 北 内 後 工 引 形

東書2年④

88

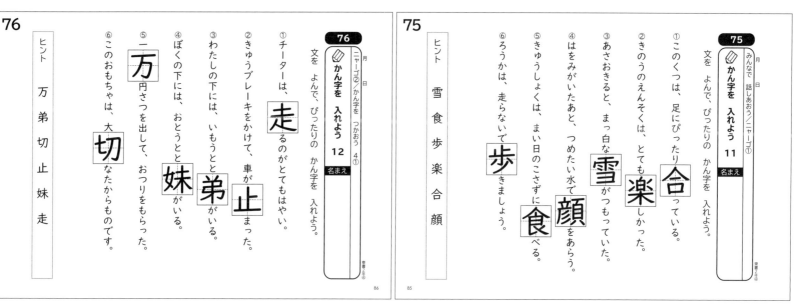

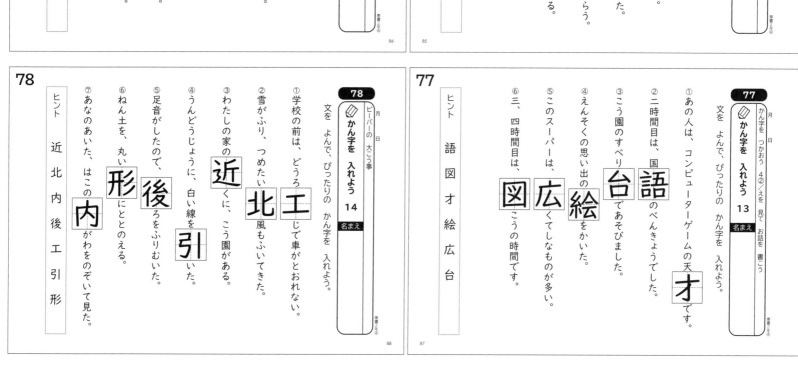

2学期の答え 79〜82

79

月　日

「どうぶつカード」を 作ろう／主語と じゅつ語

かん字を 入れよう 15

名まえ

東書2年④

文を よんで、ぴったりの かん字を 入れよう。

① なつ休みに、海でおよぎました。

② 二年生になって、新しい友だちができた。

③ ゴリラは、力が強いどうぶつです。

④ 「キンコンカン」とチャイムが鳴りました。

⑤ 青い空に、白い雲がうかんでいる。

⑥ あしたの天気は、きっと晴れるでしょう。

⑦ このみなとから、船でしまにわたる。

ヒント　雲　晴　強　船　海　新　鳴

89

80

月　日

町で 見つけた ことを 話そう／かたかなを つかおう 1①

かん字を 入れよう 16

名まえ

東書2年④

文を よんで、ぴったりの かん字を 入れよう。

① おかしのお店で、えんそくのおやつをかった。

② 二学きがおわって、あしたから冬休みです。

③ えんそくの日に朝早く目がさめた。

④ こん週の金よう日は、えんそくです。

⑤ 町の市場で、くだものをかう。

⑥ ごはんをお茶わんに山もりに入れる。

⑦ きせつが春になると、さくらの花がさく。

ヒント　茶　冬　週　市　春　店　朝

90

81

月　日

かたかなを つかおう 1②／なかまに なる ことば①

かん字を 入れよう 17

名まえ

東書2年④

文を よんで、ぴったりの かん字を 入れよう。

① おりがみを三角におって、つるを作る。

② 八月は、夏休みでお休みです。

③ コスモスやききょうは秋にさく花です。

④ しんかん線から東きょうタワーが見えた。

⑤ このへやは、南むきで、とても明るい。

⑥ 夕日が、西の山にしずんでいく。

⑦ おとうさんに、父の日のプレゼントをわたす。

ヒント　角　父　東　秋　西　夏　南

91

82

月　日

なかまに なる ことば②／「ありがとう」を つたえよう

かん字を 入れよう 18

名まえ

東書2年④

文を よんで、ぴったりの かん字を 入れよう。

① おかあさんに、母の日のプレゼントをわたす。

② わたしの上には、あねと兄がいる。

③ わたしと四年生の姉は、女どうしで気が合う。

④ 早おきして、ねむかったので昼ねをした。

⑤ おり紙で、千ばづるをおりました。

⑥ 二年一くみの教室は二かいです。

ヒント　兄　紙　室　姉　母　昼

92

83

月　日

かさこじぞう

かん字を 入れよう 19

名まえ

東書2年④

文を よんで、ぴったりの かん字を 入れよう。

①新しいゲームソフトは売り切れました。

②お母さんと、スーパーへ買いものに行った。

③この道をまっすぐ行くと、こう園です。

④田んぼでいねをそだてて、米を作る。

⑤音楽室から、きれいな歌声が聞こえる。

⑥ドアにかぎをかけて、戸じまりをする。

ヒント　戸　米　歌　買　売　道

93

84

月　日

かん字を つかおう 5

かん字を 入れよう 20

名まえ

東書2年④

文を よんで、ぴったりの かん字を 入れよう。

①いつも、水曜日は、スイミングに行きます。

②お昼の十二時を、正午という。

③山と山の間の谷に、川がながれている。

④山の上から大きな岩がおちてきた。

⑤まるい池のまん中で、さかながはねた。

ヒント　岩　曜　谷　午　池

94

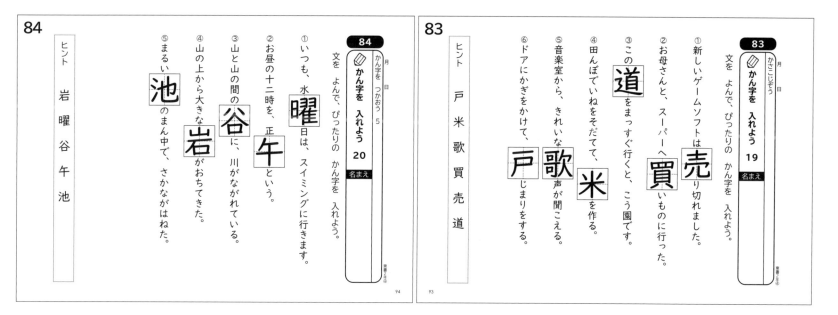

85

月　日

かん字を　つかおう　6／かん字の　読み方と　おくりがな①

かくれた パーツを さがせ 24

名まえ

かくれた　パーツを　さがして、かんせいさせよう。

① 鳥《とり》
小鳥《ことり》が空《そら》をとぶ。

② 馬《うま》
馬《うま》の足《あし》。

③ 首《くび》
手首《てくび》をつかむ。

④ 番《ばん》
山《やま》の一番上《いちばんうえ》。

⑤ 魚《さかな》
川《かわ》で魚《さかな》をつる。

⑥ 電《でん》
電車《でんしゃ》にのる人《ひと》。

東書2年①

86

月　日

かん字の　読み方と　おくりがな②～かん字を　つかおう　7①

かくれた パーツを さがせ 25

名まえ

かくれた　パーツを　さがして、かんせいさせよう。

① 細《ほそ(い)》
細《ほそ》い竹《たけ》のぼう。

② 通《とお(る)》
車《くるま》が通《とお》る。

③ 汽《き》
汽車《きしゃ》の音《おと》。

④ 刀《かたな》
小刀《こがたな》で竹《たけ》を切《き》る。

⑤ 弓《ゆみ》
竹《たけ》でできた弓《ゆみ》。

⑥ 矢《や》
とがった矢《や》の先《さき》。

東書2年①

87

月　日

かん字を　つかおう　7②／はんたいの　いみの　ことば①

かくれた パーツを さがせ 26

名まえ

かくれた　パーツを　さがして、かんせいさせよう。

① 直《ちょく》
日直《にっちょく》の人《ひと》。

② 里《さと》
山里《やまざと》の小《こ》や。

③ 寺《てら》
山寺《やまでら》にすむ。

④ 黒《くろ》
黒《くろ》の石《いし》をさがす。

⑤ 弱《よわ(る)》
雨《あめ》で虫《むし》が弱《よわ》る。

⑥ 遠《とお(い)》
学校《がっこう》まで遠《とお》い。

東書2年①

88

月　日

はんたいの　いみの　ことば②～お手紙①

かくれた パーツを さがせ 27

名まえ

かくれた　パーツを　さがして、かんせいさせよう。

① 古《ふる(い)》
古《ふる》い学校《がっこう》。

② 半《はん》
けがで半月《はんつき》休《やす》む。

③ 公《こう》
大《おお》きな公園《こうえん》。

④ 理《り》
休《やす》んだ理《り》ゆう。

⑤ 用《よう》
学校《がっこう》の用《よう》い。

⑥ 毎《まい》
毎日《まいにち》の空《そら》。

東書2年①

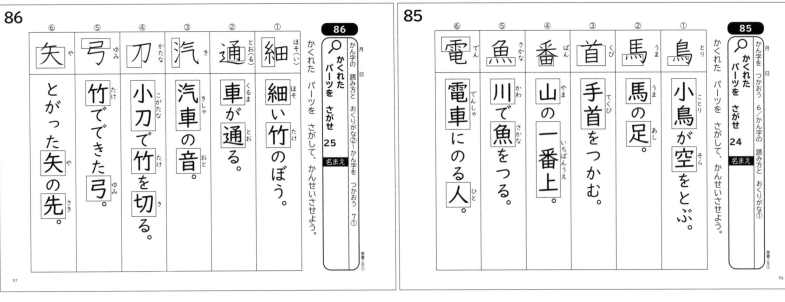

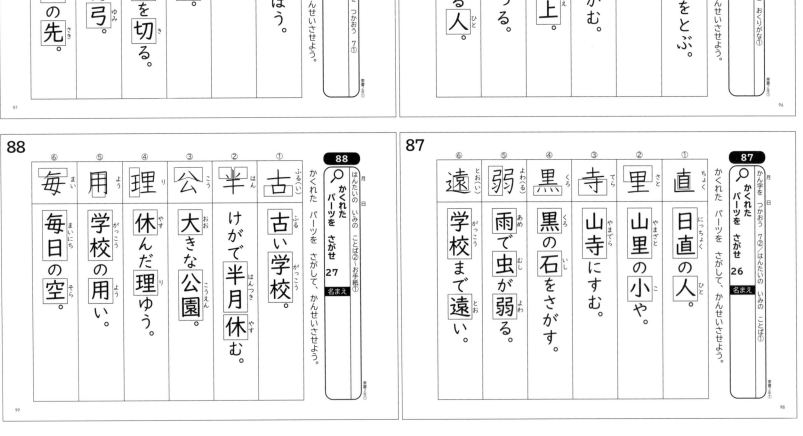

3学期の答え

89

89

89

月　日

お手紙②／かん字を　つかおう　8／にた　いみの　ことば

かくれた　パーツを　さがせ　28

名まえ

かくれた　パーツを　さがして、かんせいさせよう。

① 帰《かえ（る）》
学校《がっこう》から帰《かえ》る。

② 羽《はね》
虫《むし》がとぶ羽《はね》の音《おと》。

③ 京《きょう》
七月《しちがつ》に上京《じょうきょう》する。

④ 麦《むぎ》
小麦《こむぎ》こをこねる。

⑤ 交《こう》
男《おとこ》と女《おんな》が交《こう》たい。

⑥ 星《ほし》
星《ほし》のきれいな空《そら》。

東書2年①

100

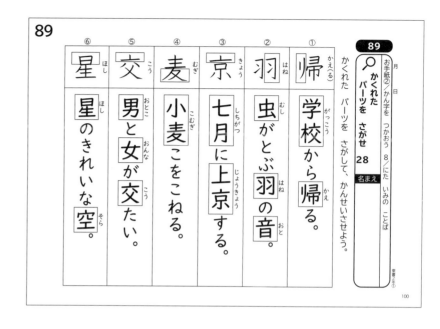

90

月　日
かん字を つかおう 6〜あなの やくわり
✚かん字 たしざん 19
名まえ

かん字の たしざんを しよう。

① 自＋つ＋灬＝鳥 → 小鳥
② 厈＋つ＋灬＝馬 → 竹馬
③ 丷＋自＝首 → 手首
④ ノ＋米＋田＝番 → るす番
⑤ ク＋田＋灬＝魚 → 魚つり
⑥ 雨＋日＋乚＝電 → 電車
⑦ 糸＋田＝細 → 細い
⑧ マ＋用＋⻌＝通 → 大通り

＊こたえの かん字で ことばを つくろう。

東書2年②

101

91

月　日
かん字を つかおう 7
✚かん字 たしざん 20
名まえ

かん字の たしざんを しよう。

① 氵＋⺈＋乁＝汽 → 汽車
② フ＋ノ＝刀（別解 力） → 小刀
③ コ＋ㄅ＝弓 → 弓矢
④ 𠂉＋大＝矢 → 矢じるし
⑤ 十＋目＋L＝直 → 日直
⑥ 日＋土＝里 → 里いも
⑦ 土＋寸＝寺 → 山寺
⑧ 里＋灬＝黒 → 黒色

＊こたえの かん字で ことばを つくろう。

東書2年②

102

92

月　日
はんたいの いみの ことば〜声に 出して みよう
✚かん字 たしざん 21
名まえ

かん字の たしざんを しよう。

① 弓＋弓＝弱 → 弱る
② 吉＋𧘇＋⻌＝遠 → 遠い
③ 十＋口＝古 → 古い本
④ ⺌＋二＋丨＝半 → 半分
⑤ 八＋ム＝公 → 公園
⑥ 王＋日＋土＝理 → 理科
⑦ 月＋丨＝用 → 子ども用

＊こたえの かん字で ことばを つくろう。

東書2年②

103

93

月　日
お手紙／かん字を つかおう 8／にた いみの ことば
✚かん字 たしざん 22
名まえ

かん字の たしざんを しよう。

① 𠂉＋毋＋一＝毎 → 毎日
② リ＋ヨ＋巾＝帰 → 帰る
③ 习＋习＝羽 → 羽ぶとん
④ 亠＋口＋小＝京 → 東京
⑤ 龶＋夂＝麦 → 麦茶
⑥ 亠＋父＝交 → 交番
⑦ 日＋生＝星 → 星空

＊こたえの かん字で ことばを つくろう。

東書2年②

104

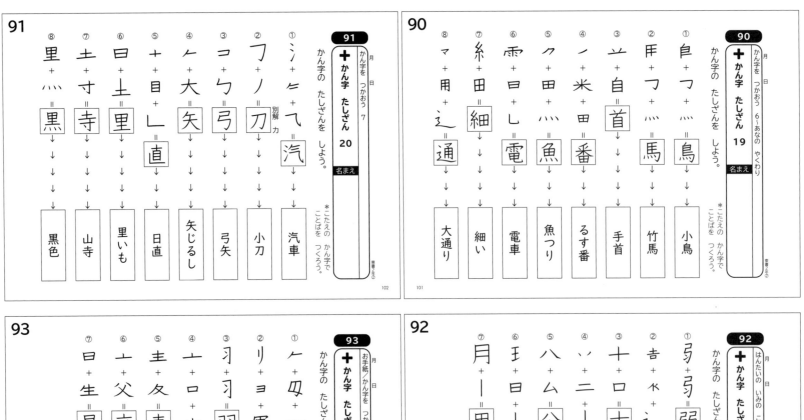

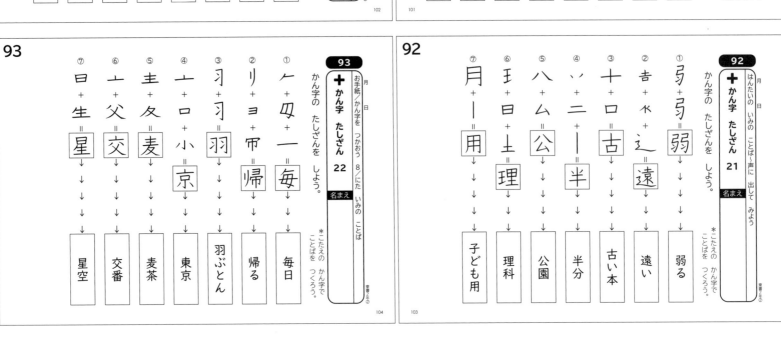

94

94

ふくしゅうもんだい

月　日

かん字　たしざん 23

名まえ

かん字の　たしざんを　しよう。

＊こたえの　かん字で　ことばを　つくろう。

① 言＋士＋冗＝読→読む

② ⺕＋土＋日＝書→書く

③ 亠＋二＋口＝言→言う

④ 言＋千＋口＝話→むかし話

⑤ 門＋耳＝聞→聞く

⑥ 亻＋乍＝作→作る

東書2年②

105

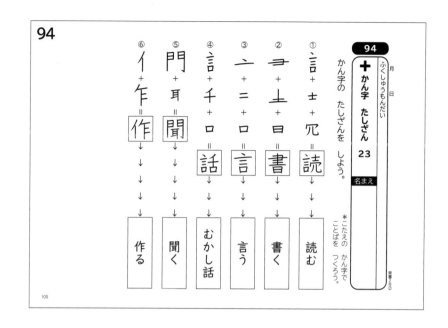

95

95 月 日

かん字を つかおう 6／かん字の 読み方と おくりがな①

たりないのは どこ（かたちを よく見て）

24 名まえ

たりない ところを 見つけて、正しく かこう。

① 小鳥《ことり》 → 小鳥
② 竹馬《たけうま》 → 竹馬
③ 手首《てくび》 → 手首
④ るす番《ばん》 → るす番
⑤ 魚《さかな》つり → 魚つり
⑥ 電車《でんしゃ》 → 電車

96

96 月 日

かん字の 読み方と おくりがな②〜かん字を つかおう 7①

たりないのは どこ（かたちを よく見て）

25 名まえ

たりない ところを 見つけて、正しく かこう。

① 細《ほそ》い → 細い
② 大通《おおどお》り → 大通り
③ 汽車《きしゃ》 → 汽車
④ 小刀《こがたな》 → 小刀
⑤ 弓矢《ゆみや》 → 弓矢
⑥ 矢《や》じるし → 矢じるし

97

97 月 日

かん字を つかおう 7②／はんたいの いみの ことば①

たりないのは どこ（かたちを よく見て）

26 名まえ

たりない ところを 見つけて、正しく かこう。

① 日直《にっちょく》 → 日直
② 里《さと》いも → 里いも
③ 山寺《やまでら》 → 山寺
④ 黒色《くろいろ》 → 黒色
⑤ 弱《よわ》る → 弱る
⑥ 遠《とお》い → 遠い

98

98 月 日

はんたいの いみの ことば②〜お手紙①

たりないのは どこ（かたちを よく見て）

27 名まえ

たりない ところを 見つけて、正しく かこう。

① 古《ふる》い本《ほん》 → 古い本
② 半分《はんぶん》 → 半分
③ 公園《こうえん》 → 公園
④ 理科《りか》 → 理科
⑤ 子《こ》ども用《よう》 → 子ども用
⑥ 毎日《まいにち》 → 毎日

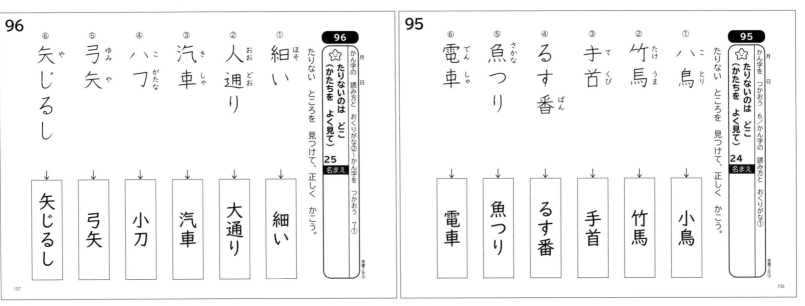

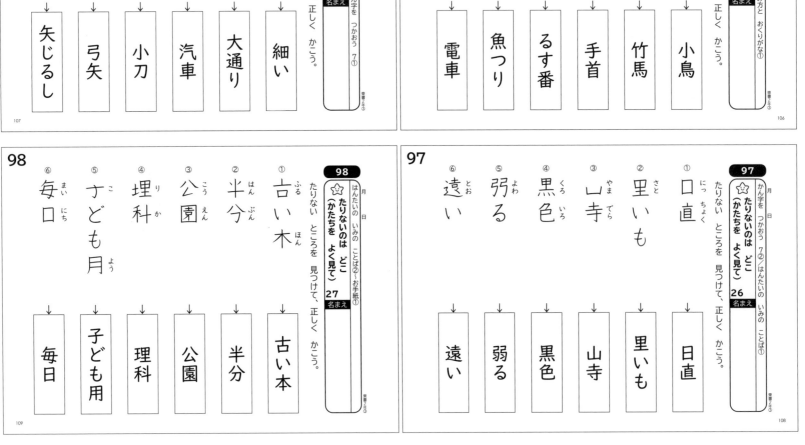

3学期の答え

99

99

99

月　日

お手紙②／かん字を　つかおう　8／にた　いみの　ことば

たりないのは　どこ（かたちを　よく見て）

28

名まえ

たりない　ところを　見つけて、正しく　かこう。

① 帰《かえ》る → 帰る

② 羽《はね》ぶとん → 羽ぶとん

③ 東《とう》京《きょう》 → 東京

④ 麦《むぎ》茶《ちゃ》 → 麦茶

⑤ 文《こう》番《ばん》 → 交番

⑥ 星《ほし》空《そら》 → 星空

東書2年③

110

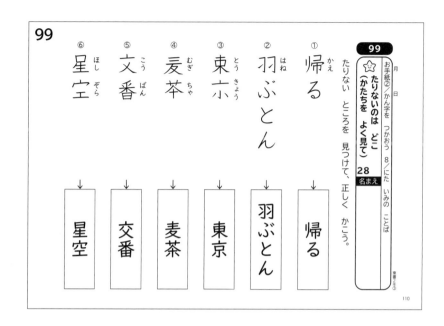

3学期の答え

100～103

100

100

月　日

かん字を　つかおう　6／かん字の　読み方と　おくりがな

かん字を　入れよう　21

名まえ

文を　よんで、ぴったりの　かん字を　入れよう。

① 木の上で、鳥が「ピーピー」と鳴いている。
② たてがみをなびかせて、馬が走っている。
③ キリンは、首が長くて、せが高い。
④ きゅうしょく当番で、パンをくばる。
⑤ お父さんと魚つりに行きました。
⑥ くらくなったので、へやの電気をつけた。
⑦ ゴボウは細くて、長いやさいです。

ヒント　番　魚　首　鳥　細　馬　電

東書2年④

111

101

101

月　日

あなの　やくわり／かん字を　つかおう　7①

かん字を　入れよう　22

名まえ

文を　よんで、ぴったりの　かん字を　入れよう。

① ようち園のよこを通って学校に行く。
② けむりをはきながら、汽車が走っている。
③ おさむらいさんが、こしに刀をさしている。
④ まとをねらって、思い切り弓を引いた。
⑤ まとのまん中に矢がささっている。
⑥ こくばんに、日直の人の名前を書く。

ヒント　刀　矢　汽　直　弓　通

東書2年④

112

102

102

月　日

かん字を　つかおう　7②／はんたいの　いみの　ことば①

かん字を　入れよう　23

名まえ

文を　よんで、ぴったりの　かん字を　入れよう。

① たぬきの親子が、山里でくらしていました。
② 山のお寺のかねが、「ゴーン」と鳴った。
③ たこやいかは、まっ黒な、すみをはく。
④ うんどうをしないと、体が弱ってしまう。
⑤ 学校まで遠いので、三十分かかる。
⑥ おじいさんの古い時計は、うごかない。

ヒント　黒　遠　里　寺　古　弱

東書2年④

113

103

103

月　日

はんたいの　いみの　ことば②～お手紙

かん字を　入れよう　24

名まえ

文を　よんで、ぴったりの　かん字を　入れよう。

① ほうちょうで、リンゴを半分に切った。
② 家の近くの公園で、おにごっこをした。
③ 三年生から理科のべんきょうがはじまる。
④ クレヨンで、画用紙に、絵をかいた。
⑤ わたしは、毎日、日記をつけています。
⑥ 学校がおわって、家に帰りました。

ヒント　半　理　公　帰　用　毎

東書2年④

114

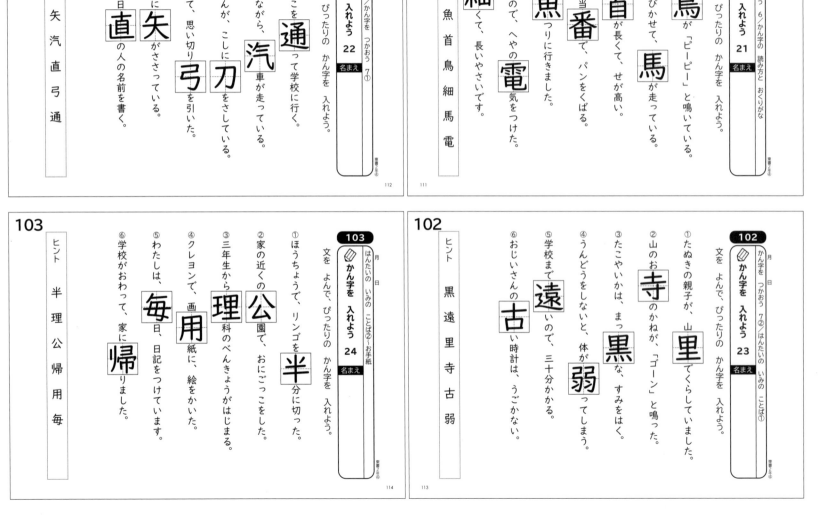

104

104

かん字を　つかおう　8／にた　いみの　ことば

月　日

かん字を　入れよう　25

名まえ

文を　よんで、ぴったりの　かん字を　入れよう。

① くじゃくが、きれいな**羽**を広げている。

② ならや**京**とには、お寺が多い。

③ パンやパスタは、小**麦**から作られます。

④ 見つかったので、おにを**交**たいしました。

⑤ 夜空に、明るい**星**が光っている。

ヒント

麦　交　京　星　羽

東書2年④

105

105

ふくしゅうもんだい

月　日

かん字を　入れよう　26

名まえ

文を　よんで、ぴったりの　かん字を　入れよう。

① 新かん線から**東**京タワーが見えた。

② 夕日が、**西**の山にしずんでいく。

③ このへやは、**南**むきで、とても明るい。

④ 雪がふり、つめたい**北**風もふいてきた。

⑤ 一番**前**から、うしろにまわしてください。

⑥ 足音がしたので、**後**ろをふりむいた。

ヒント

前　西　南　後　北　東

東書2年④

【監修者】
竹田　契一（たけだ　けいいち）
大阪医科薬科大学 LD センター顧問，大阪教育大学名誉教授

【著者】
村井　敏宏（むらい　としひろ）
青丹学園発達・教育支援センター フラーテル L.C.,
S.E.N.S（特別支援教育士）スーパーバイザー，言語聴覚士，
日本 LD 学会会員，日本 INREAL 研究会事務局

中尾　和人（なかお　かずひと）
小学校教諭，S.E.N.S（特別支援教育士），公認心理師，
精神保健福祉士，日本 LD 学会会員

【イラスト】　木村美穂
【表紙デザイン】　㈲ケイデザイン

通常の学級でやさしい学び支援
改訂　読み書きが苦手な子どもへの
＜漢字＞支援ワーク　東京書籍２年

2024年８月初版第１刷刊　監修者　竹　田　契　一
©著　者　村　井　敏　宏
中　尾　和　人
発行者　藤　原　光　政
発行所　明治図書出版株式会社
http://www.meijitosho.co.jp
（企画・校正）西野千春
〒114-0023　東京都北区滝野川7-46-1
振替00160-5-151318　電話03（5907）6640
ご注文窓口　電話03（5907）6668
＊検印省略　組版所　株　式　会　社　明　昌　堂

Printed in Japan　ISBN978-4-18-923240-7
もれなくクーポンがもらえる！読者アンケートはこちらから →